DIE MACHT DER PSYCHOLOGIE: MENSCHEN LENKEN UND LESEN

WIE SIE DURCH ANGEWANDTE MANIPULATION, PRAGMATISCHE RHETORIK UND EMOTIONALE INTELLIGENZ IHRE MITMENSCHEN BEEINFLUSSEN UND FÜR SICH GEWINNEN

WILLIAM KRONBACH

ISBN: 9798774255207

Inhaltsverzeichnis

Einleitung

Circa 7 Milliarden Menschen leben auf diesem Planeten. Alle haben unterschiedliche Ziele und Pläne. Ein wildes Gewusel aus Interessen, von denen natürlich längst nicht alle erfüllt werden können. Daher ist das gesellschaftliche Leben auch immer zu einem großen Teil von Konkurrenzkampf geprägt, aus dem sowohl Gewinner als auch Verlierer hervorgehen. Aber warum scheint es, dass manche Menschen viel häufiger auf der Gewinnerseite anzufinden sind als auf der Verliererseite? Sind sie kompetenter, schlauer oder schöner als die anderen? Quatsch! Sie wissen einfach, wie sie bekommen, was sie wollen.

Haben Sie auch manchmal das Gefühl von mangelndem Durchsetzungsvermögen? Was immer Sie auch tun, aus einem bestimmten Grund gelingt es Ihnen nie, Ihren Willen durchzusetzen. Vielleicht finden Sie sich auch regelmäßig in Situationen wieder, in denen Sie sich ausgenutzt oder schlecht behandelt fühlen. Das kann auf Dauer sehr frustrierend sein und schlägt massiv aufs Selbstbewusstsein. Sie wissen, dass Sie das Zeug dazu haben, im Leben weit zu kommen – Warum gelingt es Ihnen also nicht?

Wie schafft es wohl der weniger kompetente Mitarbeiter, vor Ihnen befördert zu werden? Wie gelingt es manchen Menschen, andere mühelos um den Finger zu wickeln? Was ist das Geheimnis derer, denen es gelingt, die Welt nach ihren eigenen Regeln zu gestalten?

Die gute Nachricht ist: Das Ganze hat nichts mit Zauberei oder übersinnlichen Fähigkeiten zu tun. Und die noch bessere Nachricht ist: Es ist erlernbar!

Menschen, die andere leicht manipulieren und überzeugen können, haben sich schlicht und einfach eine gute Menschenkenntnis zugelegt und gelernt, ihre Mitmenschen zu lesen. Sie haben begriffen, dass jeder Mensch Stärken und Schwächen, Ängste und Hoffnungen, Lügen und Wahrheiten besitzt und die Fähigkeit entwickelt, diese erkennen zu können. Im Grunde genommen unterscheiden sich die Gehirne der Menschen weniger stark als wir denken. Viel zu oft lassen wir uns von den Selbstdarstellungen anderer blenden und sehen nur unsere eigenen Fehler, nicht die der anderen. Dabei wollen wir doch alle das Gleiche: die Zuneigung und Anerkennung unseres Umfeldes.

Für die meisten Leute sind ihre Mitmenschen ein Buch mit sieben Siegeln. Es ist nicht leicht, dahinterzukommen, was in den Köpfen anderer Menschen vorgeht. Aber solange Ihr Gegenüber Ihnen ein Rätsel ist, können Sie nie Herr der Lage werden und die Situation komplett zu Ihrem Zweck nutzen. Daher lohnt es sich, die psychologischen Wirkungsprinzipien des menschlichen Gehirns zu kennen – so schützen Sie nicht nur sich selbst vor Manipulation, sondern nutzen sie auch für Ihre eigenen Zwecke.

In diesem Ratgeber lernen Sie, Ihre Mitmenschen besser zu interpretieren und sie mithilfe rhetorischer Tricks manipulieren zu können. Indem Sie Ihre emotionale Intelligenz trainieren, benötigen Sie nur noch kleine psychologische Schubser, um Ihre Ziele zu erreichen. Gleichzeitig legen wir in dem Buch Wert darauf, Ihr Selbstbewusstsein zu stärken und Ihre Ängste außer Kraft zu setzen. Sie werden schnell merken, wie befreit und leicht Sie durchs Leben gehen können, wenn Sie die Kraft der Psychologie auf Ihrer Seite haben. Nehmen Sie das Steuer Ihres Lebens in die Hand!

Aber Achtung, dieser Ratgeber soll nicht als Anleitung dienen, andere Menschen auszunutzen oder hinters Licht zu führen. Es ist wichtig, dass Sie die Mechanismen der Manipulation verstehen und auch anwenden können. Fügen Sie aber niemandem mit Ihrem Wissen schaden zu. Stärken Sie Ihr Selbstbild und lernen Sie, wie man Gespräche lenkt und leitet!

Emotionale Intelligenz

Um soziale Situationen für sich zu nutzen, müssen Sie weder besonders eloquent noch schlagfertig, witzig oder schlau sein. Die einzige Fähigkeit, die Sie sich aneignen müssen, ist die sogenannte *emotionale Intelligenz.* Mit diesem Terminus beschreiben Psychologen die Fähigkeit, die eigenen Gefühle und die Emotionen anderer Menschen korrekt zu interpretieren. Ja, auch die eigenen Gefühle! Das klingt erst einmal merkwürdig, immerhin wissen Sie doch am besten über sich selbst Bescheid, stimmt's? In Wirklichkeit ist das Erkennen der eigenen Motivationen und Emotionen oft der schwierigste Teil. Sobald Sie sich selbst analysieren können, fällt Ihnen die Analyse Ihrer Mitmenschen ebenfalls leichter. Doch wenn Sie sich selbst nicht richtig kennen, werden Sie auch nie andere Leute korrekt interpretieren können. Die meisten Menschen verdrängen entweder ihre eigenen negativen Eigenschaften oder nehmen sie als viel zu präsent wahr. Eine verzerrte Selbstwahrnehmung führt zwangsläufig auch zu Entscheidungen oder Emotionen, die wir selbst nicht ganz nachvollziehen können. Überlegen Sie mal: Wissen Sie immer genau, warum Sie sich so fühlen, wie Sie sich fühlen? Oder sind Sie manchmal einfach niedergeschlagen ohne erkennbaren Grund? Oder Sie werden wegen einer Kleinigkeit schnell wütend und verstehen gar nicht genau warum? All das sind Indizien dafür, dass sich in Ihrem Inneren mehr verbirgt, als Ihnen bewusst ist. Machen Sie sich deshalb keine Sorgen, denn das geht vielen - wenn nicht sogar den meisten - Leuten so. Im Folgenden werden Sie Strategien kennenlernen, um einen besseren Kontakt zu sich selbst zu finden.

Zunächst schauen wir uns erst einmal das Konzept der emotionalen Intelligenz näher an. Es ist, im Grunde genommen, der Empathie nicht unähnlich. Präzise ausgedrückt, ist die Empathiefähigkeit ein Teil der emotionalen Intelligenz. Ein empathischer Mensch kann Gefühle erkennen und verstehen. Ein emotional intelligenter Mensch kann zudem auf diese Gefühle sozialkompetent reagieren. Ein empathischer Lehrer merkt seinem Schüler an, dass er bei der Präsentation seiner Hausaufgaben nervös ist, aber ein emotional intelligenter Lehrer schafft es darüber hinaus, die Nervosität seines Schülers zu senken, indem er ihm ein positives Gefühl verschafft.

Menschen können auf verschiedene Weise intelligent sein. Das sagt zumindest das Konzept der multiplen Intelligenzen von Howard Gardner. Der Psychologe entwickelte in den 1980er Jahren die Theorie, dass Menschen nicht nur über eine Form der Intelligenz verfügen, sondern gleich mehrere, die bei jedem mehr oder weniger stark ausgeprägt sein können. Gardners Theorie hielt aber keiner wissenschaftlichen Überprüfung stand und wird daher von der modernen Psychologie abgelehnt. Vor allem die Annahme, dass die verschiedenen Intelligenzen nicht miteinander in Beziehung stehen, konnte wissenschaftlich widerlegt werden.

Das Konzept der emotionalen Intelligenz wurde aber schon lange vor Gardners Theorie von Edward Thorndike beschrieben. Er bezeichnete es als soziale Intelligenz und als Fähigkeit, andere Menschen einzuschätzen, zu verstehen und zu leiten. Die Psychologen John Mayer und Peter Salovey entwickelten daraufhin gemeinsam mit ihrem Kollegen David Caruso den Mayer-Salovey-Caruso Emotional Intelligence Test, kurz: MSCEIT. Laut diesem Test lässt sich die emotionale Intelligenz auf vier Fähigkeiten aufteilen.

Die erste ist die emotionale Wahrnehmung. Ähnlich wie in der Empathie, geht es hierbei um das Verständnis unserer eignen Emotionen und denen anderer. Aber nicht nur der Mensch kann Emotionen ausdrücken, auch Objekte, Tiere und Stimuli wie Tonbandaufnahmen und Geräusche, können emotional geladen sein.

Die zweite Fähigkeit ist wichtig, um dieses Wissen richtig anwenden zu können. Sie wird als Emotionsnutzung bezeichnet.

Wenn wir die Emotion in den Gesichtern, Bildern oder Tönen richtig zuordnen können, können wir unser Handeln darauf anpassen. Wir sehen zum Beispiel, dass jemand traurig ist und interpretieren dieses Gefühl als Trauer. Als nächsten Schritt können wir handeln und der traurigen Person Hilfe anbieten, für sie da sein und sie in den Arm nehmen oder ihr etwas Beruhigendes sagen, damit sie sich besser fühlt.

Dazwischen liegt allerdings noch das Emotionswissen. Das Erkennen einer Emotion ist wenig aufschlussreich ohne die richtige Zuordnung und das Wissen über unsere Gefühle. Dieses Wissen beginnt schon im Kindesalter, wenn wir lernen unsere Gefühle in Worte zu fassen. Wir verstehen außerdem, dass Emotionen fließend ineinander übergehen können und sich rasch verändern.

Emotionsregulation ist der vierte Schritt. Wir müssen in der Lage sein unsere Emotionen zu regulieren, wenn wir in sozialen Interaktionen erfolgreich sein wollen. Ein plötzlicher Heulkrampf oder Wutanfall lässt sich vielleicht manchmal nicht so einfach vermeiden, sollte aber in Maßen gehalten werden. Die Emotion zu spüren ist dabei nicht das Problem. Das Handeln aus der Emotion heraus ist es, das zu Schwierigkeiten führen kann. Für unser persönliches Wachstum müssen wir begreifen, wie wir unsere emotionalen Reaktionen unter Kontrolle halten können.

Ein hohes Level an emotionaler Intelligenz korreliert oft mit Erfolg im Beruf und positiven sozialen Beziehungen. Kein Wunder, denn Menschen mit einem hohen EQ (Emotionaler Intelligenz-Quotient) haben eine gute Menschenkenntnis, können sich gut durchsetzen, managen Krisensituationen gekonnt und können ihre Mitmenschen leicht manipulieren. Das sagt auch Daniel Goleman, der den Begriff der emotionalen Intelligenz zu seiner heutigen Popularität geführt hat. Er war es auch, der die 5 Fähigkeiten emotional intelligenter Personen beschrieb. Seine Bücher prägten vor allem die Organisationspsychologie und die Art und Weise wie Manager ihre Teams anleiten.

Wenn es Ihnen leichtfällt, Ihre eigenen Gefühle wahrzunehmen und Sie sich üblicherweise problemlos in andere Leute hineinversetzen können, ist Ihre emotionale Intelligenz bereits stark ausgeprägt. Wenn Sie dagegen oft unsicher sind, was andere denken, Ihre eigene Meinung nicht deutlich äußern können oder sich sogar über Ihre eigenen Gefühle im Unklaren sind, gibt es noch Nachholbedarf in Sachen EQ. Aber keine Sorge, Ihnen fehlt nur etwas Übung. Jeder Mensch ist in der Lage, seine Wahrnehmung zu schärfen und seinen EQ zu erhöhen.

Um ein hohes Level an emotionaler Intelligenz zu erreichen, sind fünf Kernkompetenzen erforderlich:

- Selbstwahrnehmung
- Selbstregulation
- Selbstmotivation
- Empathie
- Soziale Kompetenz

Lassen Sie uns nun diese 5 Kompetenzen genauer unter die Lupe nehmen.

Selbstwahrnehmung

Wie bereits erwähnt, bezieht sich dieser Begriff auf die Fähigkeit, sich seiner eigenen Gefühle bewusst zu sein. Selbstwahrnehmung führt zu Resilienz – ein Begriff, der mittlerweile sehr populär geworden ist. Resiliente Menschen können besser mit Schicksalsschlägen umgehen als andere. Sie können Ihre eigenen Gefühle wahrnehmen, richtig einschätzen und ausdrücken. Dadurch sind sie in der Lage ihre eigene psychische Gesundheit aufrechtzuerhalten oder wiederherzustellen, sollte sie mal angekratzt sein. Es gibt viele Definitionen für Resilienz aber im Grunde sagen alle in etwa das gleiche wie eben oben beschrieben.

Nun also zurück zur Selbstwahrnehmung.

Wenn Sie das Gefühl haben, oft von anderen missverstanden zu werden, haben Sie eventuell eine falsche Selbstwahrnehmung. Manchmal braucht es einen Spiegel, eine unbefangene Person, um sich selbst erkennen zu können. Man muss sich und seine Gefühle kennen, um seine täglichen Gewohnheiten durchbrechen können, sollten diese die eigene Gesundheit gefährden. Sich selbst zu regulieren und ungesunde Muster zu durchbrechen, bezeichnen wir als Selbstregulation.

Selbstregulierung

Ein essenzieller Punkt – Emotionen geben immer auch einen Handlungsauftrag mit. Die Wut will zerstören, die Trauer weinen und die Angst wegrennen. Wer diese Impulse gut kontrollieren kann, also ein hohes Maß an Selbstregulierung besitzt, hat seine eigenen Handlungen besser unter Kontrolle. Eine solche Person könnte also trotz ihrer Wut gelassen bleiben, trotz ihrer Trauer freundlich und trotz ihrer Angst standhaft. Es geht dabei nicht darum, seine Emotionen zu verleugnen und zu unterdrücken. Ein guter Ratschlag ist, sich seinen Gefühlen bewusst zu sein und versuchen Ihre Trigger zu unterdrücken. Stellen Sie sich vor eine bestimmte Situation löst bei Ihnen Ärger aus. Wenn Sie merken, dass Sie wütend werden, wäre es richtig den Raum zu verlassen, bevor Sie etwas Irrationales tun. Sie lernen, die Kontrolle über Ihre Gefühle zu bekommen, ohne sie dabei zu verleugnen oder zu entwerten. Was Sie fühlen ist richtig. Sie fühlen sich traurig, ängstlich und wütend und das ist in Ordnung. Aufgrund dieser Gefühle so zu handeln, dass es anderen schadet ist nicht richtig. Suchen Sie immer das Gespräch, aber erst dann, wenn

Sie die Kontrolle über sich und Ihre Gefühle haben. Nur dann können Sie in zwischenmenschlichen Beziehungen erfolgreich sein. Und um in Ihrem beruflichen und persönlichen Leben Erfolg zu haben braucht es noch eine grundlegende Fähigkeit – die Selbstmotivation.

Selbstmotivation

Unter Selbstmotivation versteht man die Fähigkeit sich seine Emotionen zunutze zu machen, um ein Ziel zu erreichen. Beim Lernen spielen Emotionen eine wichtige Rolle. Emotional aufgeladene Informationen merken wir uns nämlich besser als neutrale Stimuli und Dinge, die uns eher gleichgültig sind. Wenn Sie sich als Teenager mal in einen Lehrer oder eine Lehrerin verguckt haben, wissen Sie vielleicht, wovon ich spreche. Das Fach dieser Lehrperson könnte entweder Ihr bestes Schulfach gewesen sein, oder aber auch Ihr schlechtestes, weil Sie sich im Unterricht nicht konzentrieren konnten. Emotional aufgeladene Situationen bleiben uns im Gedächtnis. Traumatische Erlebnisse sind genau solche Situationen. Ich kann mich noch genau an eine Situation aus meinen Kindergartenjahren erinnern. Ich würde sie nicht zwingend als traumatisch bezeichnen und dennoch hat sie sich in mein Gehirn eingebrannt. Ich kann nicht älter als 4 Jahre gewesen sein und ich erinnere mich sonst nicht wirklich an meine Kindergartenzeit. Aber an diesem Tag, habe ich mir das Handgelenk gebrochen und den Schmerz und die Angst spüre ich noch, als wäre es gestern gewesen. Ein Freund von mir hatte seine Spielfigur fallen lassen und sie viel direkt in einen Kanal. Gemeinsam heckten wir den Plan aus, dass er den Deckel des Kanals hochhebt während ich die Figur heraushole. Dabei hatten wir nicht bedacht, dass der Deckel sehr schwer war und der Kanal sehr tief. Ich wollte meine Hand gerade herausziehen da konnte der Junge das Gewicht nicht mehr halten und ließ den Deckel direkt auf mein Handgelenk fallen. Und so, prägte sich das Ereignis in mein Gedächtnis ein.

Wichtig ist auch, sich von seinen momentanen Emotionen und Bedürfnissen ablenken zu können, wenn diese der Zielerreichung im Weg stehen. Vielleicht kennen Sie das Marshmallow Experiment, welches in letzter Zeit vor allem durch soziale Medien wieder zu Popularität fand. Durchgeführt von Stanford Professor Walter Mischel im Jahre 1972, zeigte es die Wirkung von Belohnungsaufschub. Einem Kind wurde dabei ein Marshmallow gezeigt, das es sofort essen konnte. während die Lehrperson den Raum verlies. Oder es konnte warten, bis der Professor wieder den Raum betrat und dann bekam es zwei Belohnungen. Der Aufschub der Belohnung führte also zu einer noch größeren Belohnung. In nachfolgenden Experimenten zeigte sich, dass die Kinder, die auf die Belohnung warten konnten, in Ihrem Erwachsenenleben erfolgreicher waren als die, die das Marshmallow sofort aßen. Sie nutzen vor allem Strategien zur Ablenkung, um der Versuchung widerstehen zu können. Durch Bildaufnahmen der wartenden Kinder im Raum zeigte sich, dass diejenigen Kinder, die das Marshmallow nicht anschauten und sich anders beschäftigten, eher dem Druck widerstanden die Belohnung sofort zu essen.

Empathie

Hier geht es darum, die Emotionen von anderen verstehen zu können. Aber Sie können andere nur verstehen, wenn Sie auch sich selbst verstehen. Eine Grundkompetenz der Empathie ist also die Selbstwahrnehmung. Wichtig ist es auch, sich selbst von anderen abzugrenzen. Das was Sie fühlen ist nicht gleichgesetzt mit dem, was andere fühlen. Das hört sich vielleicht wie ein No-Brainer an, ist aber eine Fähigkeit, die wir erst im Laufe unseres Lebens erlernen.

Nur wenn wir die Gefühle anderer richtig interpretieren können. können wir auch richtig auf sie reagieren. Empathie ist darum enorm wichtig für die emotionale Intelligenz. Sie müssen verstehen lernen, wieso sich eine Person in einer bestimmten Situation traurig fühlt oder sich ärgert. Diese Gefühle sollten für Sie nachvollziehbar sein, aber Sie sollten sie nicht am eignen Laib spüren. Lernen Sie die Balance zu halten zwischen Verständnis und Selbstaufgabe.

Damit wir mit Menschen Beziehungen eingehen können und diese auch einige Zeit lang halten können, brauchen wir noch eine weitere Fähigkeit. Die soziale Kompetenz. Sie macht den gesellschaftlichen Kernpunkt der emotionalen Intelligenz aus.

Soziale Kompetenz

Manche Menschen tun sich leicht, Beziehungen zu anderen herzustellen und aufrechtzuerhalten. Sie verfügen über soziale Kompetenz, einem Zusammenspiel aus Selbstregulation und Empathie. Wenn wir einschätzen können, wie es unserem Gegenüber geht und richtig darauf reagieren, können wir eine Beziehung zu dieser Person herstellen.

Im multiplen Intelligenzmodell von Gardner wird die soziale Kompetenz als Teil der interpersonellen Intelligenz gesehen. Viele religiöse Anführer und Politiker verfügen über diese Art der Intelligenz. Sie ist ein Erfolgsrezept im Umgang mit anderen Menschen. Auch geschickte Eltern können sich die interpersonelle Intelligenz zu Nutze machen, indem sie die Gefühle ihrer Kinder verstehen lernen und richtig darauf reagieren. Wichtig ist dabei schon den kleinsten klarzumachen, dass ihre Gefühle in Ordnung und richtig sind aber ihre Reaktionen auf diese Gefühle kontrolliert werden können. Ein Kleinkind, welches aus einem Trotzanfall heraus mit Dingen wirft, sollte auf seinen Ärger angesprochen werden und ihm sollte eine andere Möglichkeit angeboten werden diesen Ärger auszuleben. Zu schimpfen oder zu bestrafen hilft in dieser Situation wenig. Die Gefühle der Wut und der Trauer sind da, egal ob den Eltern das gefällt oder nicht. Aber die Reaktion auf diese Gefühle kann kontrolliert werden. Hier sollten Sie ansetzen, wenn Sie Ihre Kinder zu erfolgreichen und glücklichen Erwachsenen heranziehen wollen.

All diese Aspekte der emotionalen Intelligenz hängen zusammen. Ohne Selbstwahrnehmung gibt es keine Empathie und ohne Selbstregulation keine Selbstmotivation. An diesen fünf Punkten müssen wir also ansetzen, um unsere emotionale Intelligenz zu stärken. Nachfolgend möchte ich Ihnen Techniken vorstellen, mit denen Sie jeden dieser Aspekte trainieren können. Lernen Sie, Ihren eignen blinden Fleck sichtbar zu machen und wahrzunehmen, welche versteckten Fähigkeiten in Ihnen schlummern. Hoffentlich können Sie damit Ihre gesamte Persönlichkeit zum Vorschein bringen. Da Persönlichkeiten nicht statisch sind, können Sie dieses Selbstbild auch verändern, wenn Sie genügend Energie investieren. Was müssen Sie also tun, um Ihre Gefühle besser wahrnehmen zu können? Ich werde Ihnen auf den folgenden Seiten zeigen, wie Sie die einzelnen Fähigkeiten stärken und verbessern können. Dazu werde ich Ihnen einige Übungen vorschlagen, die es Ihnen erleichtern werden Ihre Emotionen besser wahrnehmen, einordnen und kontrollieren zu können. Starten wir mit der Selbstwahrnehmung.

Selbstwahrnehmung stärken

Warum ist die Selbstwahrnehmung bei den meisten Menschen eigentlich so wenig ausgeprägt? Immerhin verbringen wir jeden Tag, jede Stunde, jede Sekunde unseres Lebens mit uns selbst – eigentlich genug Zeit, sich selbst mal etwas besser kennenzulernen.

Oder?

Die Realität sieht leider etwas anders aus. Gerade in unserem modernen Zeitalter wird es immer schwieriger, zur Ruhe zu kommen und sich Zeit für Introspektion zu nehmen. Überlegen Sie mal selbst: Wann haben Sie zuletzt einfach mal Ihr Handy ausgeschaltet? Zwischen ständiger Erreichbarkeit und dauerhafter Ablenkung aus Internet und Fernsehen gefangen, verlieren wir den Kontakt zum Hier-und-jetzt und schlussendlich auch zu uns selbst. Wir haben schlicht und einfach verlernt, uns selbst wahrzunehmen. Das multimediale Angebot des Internets und Fernsehens hat eine der besten (wenn nicht sogar die beste) Grundlagen für eine gründliche Beschäftigung mit seinem Innenleben eliminiert: Die gute, alte Langeweile.

Oft haben wir weder Zeit noch Lust, uns mit uns selbst auseinanderzusetzen. Verständlich, sind doch unsere tiefsten Wünsche und innersten Emotionen oft gar nicht so einfach zu akzeptieren. Sie können sogar recht hässlich sein. Wer gesteht sich schon gern ein, dass er eifersüchtig ist? Oder schlecht verlieren kann? Dass er egoistisch ist? Oder süchtig nach Aufmerksamkeit?

Negative Emotionen werden oft verdrängt und auch in der Kommunikation totgeschwiegen. Wenn man schon kein perfekter Mensch ist, sollte das möglichst niemand anders erfahren, nicht wahr?

Doch gerade diese negativen Emotionen sind extrem wichtig für uns. Nicht umsonst hat uns die Evolution mit diesen scheinbaren Plagen ausgestattet. Eine negative Emotion ist immer ein Hilferuf des Gehirns: „Hallo, hier ist etwas nicht in Ordnung. Das muss geändert werden."

Machen wir dazu ein Gedankenexperiment: Stellen Sie sich ein angstfreies Leben vor. Wäre es nicht wunderbar, sich vor nichts mehr fürchten zu müssen? Für ein paar Stunden wäre es das sicherlich. Dann würden Sie vermutlich vor lauter Übermut mit Ihrem Auto im Graben landen. Oder zu weit aufs Meer hinausschwimmen. Oder in eine Kneipenschlägerei geraten. Sie verstehen, worauf ich hinauswill: Unsere Angst hält uns am Leben. Sie bewahrt uns davor, in allzu riskante Situationen zu geraten.

Ein Leben ohne Trauer ist ebenso unvorstellbar. Wie könnte man je das Glück wirklich genießen, wenn man Trauer nicht kennt? Und wann würde man etwas in seinem Leben ändern, wenn man nie unglücklich damit ist?

Wer würde die Revolution der kleinen Leute starten, wenn keiner je wütend wäre? Die gesamte Menschheitsentwicklung wäre bestenfalls minimal fortgeschritten.

Es ist also wichtig, die Balance zu halten und das Leben mit all seinen positiven und negativen Seiten zu akzeptieren. Denn ohne Ebbe gibt es auch keine Flut und ohne negative Emotionen kann es auch keine positiven Emotionen geben.

Für unsere persönliche Kommunikation dienen die negativen Emotionen als Warnhinweise. Sie zeigen uns an, dass mindestens eines unserer Bedürfnisse nicht erfüllt ist. Positive Emotionen können uns übrigens genauso gut anzeigen, dass andere Bedürfnisse aktuell hinreichend befriedigt werden.

Wie sieht es bei Ihnen aus? Wissen Sie immer, wie Sie sich fühlen? Oder verschwimmen Ihre Emotionen in einem diffusen Nebel? Schämen Sie sich für Ihre negativen Emotionen oder nehmen Sie sie selbstbewusst als Teil Ihres Selbst an?

Das Johari Fenster

Die meisten Menschen nehmen einige Aspekte ihrer Persönlichkeit nicht wirklich wahr. Joseph Luft und Harry Ingham haben dazu 1955 das Johari Fenster entwickelt, welches ich Ihnen hier vorstellen will:

	mir bekannt	mir unbekannt
anderen bekannt	öffentliche Person	blinder Fleck
anderen unbekannt	mein Geheimnis	unentdeckt

Es besteht aus vier Hauptfeldern und es sind vor allem die negativen Gedanken über unsere Persönlichkeit, die wir den Feldern zuordnen können. Die Informationen über mich, die mir selbst und anderen bekannt sind werden als öffentliche Person bezeichnet. Wenn Sie zum Beispiel wissen, dass Sie eine sehr strategische Person sind, die gerne alles bis ins Detail plant und Ihre Kollegen und Mitmenschen wissen das ebenfalls, können Sie sich dementsprechend darauf einstellen und aufhören, Sie zu spontanen Trips überreden zu wollen.

Manchmal gibt es Dinge, die Sie nicht mit Ihren Mitmenschen teilen wollen. Das können Eigenschaften sein, die Ihnen peinlich sind und vielleicht sind auch sehr stolz darauf aber Sie wollen die anderen nicht verunsichern. Nehmen Sie an, Sie sind ein sehr guter Sänger oder eine sehr gute Sängerin und wissen, dass Ihr Bekannter schon lange eine Gesangskarriere verfolgt, die leider nicht sehr erfolgreich ist. Eventuell werden Sie dieses versteckteTalent vor ihm geheim gehalten, um seine Gefühle nicht zu verletzten und die Freundschaft aufrechtzuerhalten.

Oft braucht es einen Spiegel von außen, von einer objektiven Person, um sehen zu können, wenn wir etwas falsch machen. Stellen Sie sich vor, Sie hatten einen Streit mit Ihrem Partner, weil Sie ihm nicht erzählt haben, dass Sie und ein sehr guter Freund von Ihnen sich vor vielen Jahren, Jahre vor der Beziehung mit dem jetzigen Partner, mal geküsst haben. Sie selbst denken vielleicht, dass es keine große Sache ist. Immerhin haben Sie Ihren Partner nicht betrogen, Sie haben ihm nur verheimlicht, dass Sie einmal jemanden geküsst haben mit dem Sie noch befreundet sind. Durch ein Gespräch mit einem weiteren Freund werden Sie allerdings darauf aufmerksam gemacht, dass Sie unehrlich waren und dass Sie sich in solchen Situationen oft unehrlich verhalten. Diese Reflektion von außen kann Ihnen helfen diese Eigenschaft zu entdecken und zu verändern. Eine Person, die Sie liebt und schätzt, kann Ihnen zu persönlichem Wachstum verhelfen und Ihnen diese verborgenen Eigenschaften bewusst machen.

Sehr selten gibt es auch verborgene Eigenschaften oder Talente, die weder mir noch meinen Mitmenschen bekannt sind. Zum Beispiel könnten Sie ein verborgenes Talent für ein bestimmtes Musikinstrument haben. Sie haben es aber noch nie in Ihrem Leben probiert und wissen deswegen auch nicht, dass Sie es können.

Vor allem der „blinde Fleck" ist bei der Selbstwahrnehmung von entscheidender Bedeutung. Dinge, die Sie bei sich selbst nicht wahrnehmen, die aber für andere Menschen sichtbar sind, sollten Sie sehr ernst nehmen. Wenn eine Person Ihnen etwas an den Kopf wirft, wodurch Sie sich angegriffen fühlen, verspüren Sie vielleicht instinktiv das Bedürfnis sich zu verteidigen. Versuchen Sie stattdessen in sich hineinzuhören und herauszufinden, ob nicht ein Funken Wahrheit an der Information dran ist, die Sie gerade erfahren haben. Bitten Sie Ihre Mitmenschen um Feedback. Fragen Sie um Rat, wenn Sie sich nicht sicher sind und hören Sie dann ganz tief in sich hinein, um herauszufinden ob diese Ratschläge hilfreich sein könnten.

Aber Achtung! Lassen Sie sich nicht von anderen Menschen einreden, dass Sie aufgrund Ihrer negativen Eigenschaften weniger wert sind. Wenn Ihnen jemand bewusst schmerzliche Dinge an den Kopf wirft, die obendrein nicht wahr sind, ist er vielleicht kein so guter Freund wie Sie gedacht haben.

Wir Menschen finden Eigenschaften anderer Menschen oft besonders abstoßend, wenn wir Sie auch bei uns selbst sehen. Diese Art der Kritik ist dann vielleicht eher an denjenigen gerichtet, der sie ausspricht. Konstruktive Kritik hingegen, kann hilfreich in der persönlichen Weiterentwicklung sein.

Wenn Sie Interesse daran haben, sich selbst besser kennenzulernen und zu akzeptieren, finden Sie nachfolgend einige Methoden zur Selbstentdeckung. Die Übungen wirken gleichzeitig entspannend für Geist und Körper.

Im Folgenden werde ich Ihnen ein paar Übungen präsentieren, mit denen Sie Ihre Selbstwahrnehmung Schritt für Schritt trainieren können. Damit Sie Erfolge erzielen können, sollten diese Übungen in regelmäßigen Abständen durchgeführt werden. Inmitten der hektischen Welt plötzlich innezuhalten und sich auf sich selbst zu konzentrieren, kann ziemlich schwierig sein. Wenn Sie sich bei einigen Übungen komisch fühlen und Reflexe nach Ablenkung unterdrücken müssen, bleiben Sie stark! Das bedeutet nur, dass Sie auf dem richtigen Weg sind – aller Anfang ist schwer, doch es wird von Mal zu Mal leichter. Von heute auf morgen werden Sie Ihr Mindset nicht ändern können, aber mit ein wenig Disziplin werden Sie schon nach einigen Wochen erste Veränderungen spüren und merken, dass Sie deutlich gelassener und selbstbewusster werden.

Achtsam-starten

Die erste Übung ist ebenso simpel wie hilfreich und benötigt nur drei Minuten am Tag. Die meisten Leute greifen nach dem Aufwachen direkt nach ihrem Handy oder schalten das Radio an. Information, Information, Information! Doch gerade nach dem Schlaf ist unser Gehirn besonders sensibel und kommt gerade erst wieder in den aktiven Zustand, nachdem es die ganze Nacht bereits Informationen verarbeitet und abgespeichert hat. Nehmen Sie sich also nach dem Aufwachen 3 Minuten Zeit zum Nichts tun. Kleiner Tipp: am besten im Sitzen, damit Sie nicht direkt wieder einschlafen. Sie können mit den Augen durchs Zimmer wandern und einfach mal wieder neugierig und ziellos sein– Wie sieht dieser Fleck an der Decke aus? Wie ein Drache? Wie ein Baum? Dann können Sie sich auf Ihren Körper konzentrieren – wo sind Verspannungen? Wo haben Sie Schmerzen? Was fühlt sich gut an? Wie fühlt sich der Strom des Atems an? Kalt oder warm?

Diese kleine Achtsamkeitslektion wird Sie jeden Tag entspannter starten lassen und dafür sorgen, dass Sie den ganzen Tag über mehr bei sich selbst sein können.

Der Body-Scan

Diese Übung wird in vielen Meditationen genutzt. Nehmen Sie sich zehn Minuten Zeit und setzen Sie sich mit geschlossenen Augen in eine bequeme Position. Versuchen Sie nun jedes einzelne Körperteil genau wahrzunehmen. Wie fühlt sich Ihr großer Zeh an? Ihr Knöchel? Ihr Unterschenkel? Langsam richten Sie Ihre Aufmerksamkeit von unten nach oben, bis Sie schließlich bei Ihrem Gesicht, Ihrem Nacken und schlussendlich Ihrer Kopfhaut ankommen. Nehmen Sie dabei sowohl angenehmes als auch unangenehmes wahr. Schmerzen oder Verspannungen registrieren Sie, versuchen aber nicht diese zu lindern. Hier geht es ausschließlich ums Wahrnehmen. Wenn Sie merken, dass Ihre Gedanken zur Einkaufsliste oder dem Tagesplan fliehen wollen, lenken Sie sie sanft, aber bestimmt, wieder auf Ihren Körper zurück.

Die Zettelmethode

Die sogenannte Zettelmethode ist vorerst einmal eine Art Inventur der eigenen Emotionen. Dafür brauchen Sie nichts außer Stift und Papier.

Stellen Sie sich einige unterschiedliche Situationen aus Ihrem täglichen Leben vor. Das könnte der Arbeitsplatz, die Universität, ein Essen mit der Familie, ein Ausflug mit Freunden, eines Ihrer Hobbys, ein Treffen mit Ihrem Partner oder jedwede andere Begebenheit sein, die Ihnen gerade in den Sinn kommt.

Beim nächsten Auftreten dieser Situation versuchen Sie im 15-Minuten-Takt zu erfühlen, welche Gefühle gerade in Ihnen schlummern.

Wenn Sie eine Emotion benannt haben, z. B. Unsicherheit, dann denken Sie kurz über die Ursachen nach, z. B. Angst vor sozialem Versagen. Es können aber genauso gut auch positive Emotionen sein, wie etwa die Geborgenheit im Kreise der Familie. Wenn Sie nicht wissen, woher eine Emotion kommt, versuchen Sie nicht auf Ach und Krach einen Grund zu finden, sondern belassen es vorerst bei dem Erkennen des Gefühlszustandes.

Im zweiten Schritt können Sie sich einige Fragen zu den Beobachtungen stellen. Gibt es Situationen, die Sie aktiv meiden? Gibt es Emotionen, die Sie tiefer empfinden als andere? Wenn Sie sich aus der Perspektive Ihrer Mitmenschen vorstellen, würden diese Ihre Gefühle treffsicher einschätzen können?

Innere Vergebung

Wir alle wurden mit der Fähigkeit geboren, unsere Gefühle zu erkennen und zu benennen. Kein Baby auf dieser Welt macht sich Gedanken darüber, ob es jetzt angebracht ist zu schreien. Genauso kann kein fröhliches Kind sein Lachen zurückhalten – warum sollte es auch? Trotzdem fällt es uns im Erwachsenenalter schwer, unsere Emotionen so auszuleben. Wir beginnen plötzlich, darauf zu achten, was gesellschaftlich akzeptiert ist und möchten nicht negativ auffallen. Die wenigsten Menschen würden zum Beispiel zugeben, eifersüchtig auf den oder die Ex des Partners zu sein oder wütend auf das eigene Kind. So unterdrücken wir eine ganze Menge negativer Emotionen, insbesondere Ärger, Trauer, Neid oder Melancholie. Wer mit seinem Innenleben in Kontakt treten will, muss seine Scheu vor negativen Gefühlen verlieren. Erlauben Sie sich alle Emotionen!

Die folgende kurze Übung darf ruhig mehrfach am Tag durchgeführt werden. Das kann auch an der Bushaltestelle oder beim Warten auf den Arzt passieren. Machen Sie einfach einen kurzen Check und beschreiben Sie sich selbst, wie Sie sich in der aktuellen

Situation fühlen. Versuchen Sie nicht, die Emotion zu ändern, sondern sie nur zu spüren. Erteilen Sie sich selbst nun Absolution für jedes einzelne Gefühl: Sagen Sie sich selbst: „Es ist in Ordnung, dass ich traurig bin.", „Es ist okay, wütend zu sein.", oder „Ich fühle mich glücklich und das ist schön."

Es wird uns oft suggeriert, jeder Mensch könne gleich glücklich und gleich positiv sein, aber das ist Unsinn. Jeder Mensch verspürt unterschiedliche Emotionen unter verschiedenen Umständen. Der eine Kollege erzählt morgens bereits Witze, während Sie selbst noch müde und gereizt die Kaffeemaschine anfeuern? Das ist okay. Ihr Partner kann von seinem Job sofort abschalten und Sie selbst machen manchmal die Nacht durch, weil Sie nicht zur Ruhe finden? Auch das ist okay, auch wenn es nicht gerade angenehm ist. Ihre Freunde lieben große Events und Partys, aber Sie ziehen gemütliche Abende in kleinem Kreis vor? Das ist ebenfalls in Ordnung. Nicht immer sind Ihre Emotionen erstrebenswert oder unveränderlich, aber vorerst sind sie hauptsächlich nur eines: Ihre persönlichen Emotionen.

Autogenes Training

Das autogene Training ist eine klinisch bewährte Methode zur Selbstentspannung. Sie wurde 1920 entwickelt und gilt seit circa 50 Jahren in Deutschland als anerkannte Therapiemethode. Sie wird gern bei Stress, Burn-out sowie Angststörungen eingesetzt, vor allem aber in der Psychosomatik. Die Psychosomatik ist die ganzheitliche Lehre des Körpers, wobei vor allem das Zusammenspiel zwischen psychischen Leiden und körperlichen Erkrankungen im Fokus steht. Menschen mit einer psychosomatischen Erkrankung haben physische und reale Schmerzen aufgrund eines psychologischen Problems. Dies geschieht oft, wenn Menschen ihre negativen Emotionen unterdrücken. Der psychische Schmerz will an die Oberfläche, wird jedoch immer wieder künstlich unterdrückt.

Irgendwann sucht er sich dann einen anderen Weg an die Oberfläche. Vielleicht kennen Sie selbst das Gefühl eines verspannten Rückens, wenn Sie emotional gestresst sind, oder eines flauen Magens, wenn Sie nervös sind. Auch das sind bereits kleine psychosomatische Schmerzen.

Durch autogenes Training wird eine innere Ruhe hergestellt, zuerst körperlich und schlussendlich auch mental. Oft versuchen Menschen negative oder stressige Gefühle gewaltsam zu unterdrücken („Jetzt reiß dich mal zusammen.", „Stell dich nicht so an."), was das Problem jedoch meist nur verstärkt. Autogenes Training ist dazu da, genau diese Emotionen zuzulassen. Und zwar ohne Bewertung. Gedanken und Gefühle, seien sie positiv oder negativ, werden stets wertfrei zur Kenntnis genommen.

Bei regelmäßiger Durchführung wird man stressresistenter, positiver und verspürt einen stärkeren Bezug zu sich selbst.

Übung zum autogenen Training (ca. 20 Minuten)

Die Instruktionen sollten entweder vorgelesen werden oder bereits so sehr verinnerlicht sein, dass Sie sie sich selbst vortragen können. Suchen Sie sich dazu einen ruhigen und bequemen Ort und planen Sie eine halbe Stunde Zeit ein. Mein Tipp: Stellen Sie sich einen Wecker. Nicht selten schläft man dabei ein.

Ruheübung

Ich bin ganz ruhig (x5)

Schwereübung

Der rechte Arm ist ganz schwer (x3)
Der linke Arm ist ganz schwer (x3)
Beide Arme sind ganz schwer (x3)

Beide Beine sind ganz schwer (x3)
Arme und Beine sind ganz schwer (x3)

Wärmeübung

Der rechte Arm ist ganz warm (x3)
Der linke Arm ist ganz warm (x3)
Beide Arme sind ganz warm (x3)
Beide Beine sind ganz warm (x3)
Arme und Beine sind ganz warm (x3)

Herzübung

Das Herz schlägt ganz ruhig und gleichmäßig (x5)

Atemübung

Die Atmung ist ganz ruhig (x3)
Es atmet mich (x3)
Herz und Atmung sind ruhig und gleichmäßig (x3)

Bauchübung

Der Bauch ist strömend warm (x3)

Kopfübung

Die Stirn ist angenehm kühl oder
Der Kopf bleibt leicht und klar (x5)

Wenn Ihre Gedanken zwischenzeitlich abschweifen, nehmen Sie diesen unfreiwilligen Exkurs wahr, ohne sich dafür zu schelten. Das geschieht jedem. Dennoch sollten Sie die Gedanken freundlich und bestimmt auf einen späteren Zeitpunkt verschieben und sich wieder voll auf das Wahrnehmen Ihres Körpers konzentrieren.

Wenn Sie es nicht gewohnt sind, aktiv Zeit mit Ihrer Gefühlswelt zu verbringen, kann es sein, dass Ihnen einige Übungen schwerfallen. Gerade dann sollten Sie nicht aufgeben. Lassen Sie sich nicht entmutigen und geben Sie sich Zeit. Sie sind dabei, tief im Gehirn verankerte Denkschemata aufzubrechen. Lang antrainierte Verhaltensmuster zu verändern, ist für das Gehirn ähnlich, wie beispielsweise mit dem Rauchen aufzuhören. Es wird sich zunächst einmal gegen die Veränderung wehren. Doch mit Geduld und Ausdauer können Sie es schaffen, sich neue Verhaltensmuster anzugewöhnen.

Selbstregulierung

Lernen Sie im Folgenden, Ihre emotionalen Impulse zwar wahrzunehmen, jedoch kontrolliert auszuführen. Dazu greifen Sie auf Ihre neu erlernten Fähigkeiten zur Emotionsanalyse zurück.

Erst atmen, dann handeln

Oft führt der Unmut über eine Situation zu nichts. Weder liegt es in Ihrer Macht, Staus aufzulösen, das Wetter zu ändern, noch die Wartezeit im Bürgeramt zu verkürzen. Da hilft es sprichwörtlich nur „einmal tief durchzuatmen". So pauschal dieser Satz sein mag, liegt in ihm doch (wie in den meisten Sprichwörtern) eine grundlegende Wahrheit. Obwohl Stress eine psychische Reaktion ist, hat sie doch auch physische Auswirkungen. Der Atem geht schneller, das Herz schlägt schneller und man fängt unter Umständen an zu schwitzen. Außerdem verspannt sich die Muskulatur primär im Nackenbereich schneller.

Psychologische Studien haben ergeben, dass man diesen Prozess auch umkehren kann. Das heißt, dass man über eine Regulierung seiner physischen Prozesse auch seine Psyche beruhigen kann.

Dabei helfen Atemtechniken besonders gut. Ein ruhiger und tiefer Atem sendet ein Signal an das Gehirn: „Es ist alles entspannt."

Wenn Sie also das nächste Mal in eine stressige Situation geraten, suchen Sie sich aktiv einen Moment der Ruhe. Wenn möglich, können Sie auch für eine Minute die Augen schließen. Dann durchlaufen Sie folgendes Ritual:

Atmen Sie zunächst einmal drei bis vier Mal tief ein und aus. Versuchen Sie erst dann einzuatmen, wenn Sie sich komplett „leer" fühlen und erst dann auszuatmen, wenn Sie sich komplett „gefüllt" fühlen.

Wenn Sie nach einigen Atemzügen in Ihrem Moment der Ruhe angekommen sind, konzentrieren Sie sich auf Ihre Atemzüge. Folgen Sie dem Atem von dem Moment, in dem er die Nasenflügel weitet, über sein Heben des Brustkorbes bis tief in den Bauchraum und wieder zurück. Der Atem sollte sich automatisch verlangsamen.

Zuletzt können Sie durch Ihren Atem auch Ihre Verspannungen lösen. Spüren Sie mit jedem Einatmen, wo Ihr Körper verkrampft oder verspannt ist. Mit jedem Ausatmen können Sie dann diesen Bereich Stück für Stück lockern. Stellen Sie sich dazu einfach vor, dass Sie Ihre Verspannung aus dem Körper heraus atmen.

Meditation

Die Praxis der Meditation stammt aus östlichen Kulturen und gilt im Buddhismus als bewusstseinserweiternde Methode. Doch auch ohne das Nirwana zu erreichen, schwören viele Menschen auf die beruhigende Wirkung. Die Effekte der Meditation sind erwiesenermaßen sehr hoch: Sie macht Menschen glücklicher, weniger gestresst, kreativer und schützt das Gehirn vor dem Altern.

Meditieren ist jedoch nicht leicht. Viele Menschen sind es so wenig gewöhnt, einfach bei sich selbst und ihren Empfindungen zu sein, dass sie es anfangs als regelrecht schmerzhaft empfinden, einige Minuten lang nichts zu tun und nichts zu denken. Die Lerneffekte und die positiven Auswirkungen treten glücklicherweise vergleichsweise schnell ein. Nach einem Monat der Meditation, die täglich nur 5 – 10 Minuten lang sein muss, fühlt man sich deutlich befreiter von seinen Sorgen. Dafür benötigen Sie nichts weiter als einen Ort, an dem Sie für diese kurze Zeit ungestört bleiben können. Das kann sowohl zu Hause auf dem Sofa als auch in der U-Bahn sein.

Nehmen Sie für den Anfang eine Position ein, die Ihnen am liebsten und bequemsten ist. Fangen Sie mit einer kurzen Zeitspanne von 5 Minuten an. Dafür können Sie sich einen Wecker stellen. Schließen Sie dann die Augen und befolgen Sie folgende Schritte.

1. Konzentrieren Sie sich vorerst auf Ihren Atem. Spüren Sie, wie er durch die Nasenlöcher kühl hineinströmt und durch die Lungen in den Brustkorb fließt. Nehmen Sie wahr, wie sich Ihr Brustkorb langsam hebt und folgen Sie mit Ihrer Wahrnehmung dem Atemzug weiter, bis er ganz unten beim Bauchnabel angekommen ist.

   Können Sie spüren, wie sich der Bauch beim Einatmen leicht wölbt und sich beim Ausatmen wieder zusammenzieht? Folgen Sie dem Atemzug auch wieder auf seinem Weg aus Ihrem Körper heraus und spüren Sie, wie er dieses Mal warm durch die Nasenflügel nach außen entweicht.

2. Fokussieren Sie sich jetzt auf die Stelle, an der Sie Ihren Atem am stärksten spüren können. Wichtig ist, dass Sie einfach Ihrem natürlichen Atemfluss folgen.

   Versuchen Sie die Aufmerksamkeit für fünf Atemzüge nacheinander dort zu halten. Abschweifende Gedanken sind ganz normal und Sie sollten sich nicht deswegen ärgern oder verurteilen. Nehmen Sie die Gedanken wahr und kehren Sie dann sanft, aber bestimmt zum Fühlen des Atems zurück.

Spüren Sie nun in Ihren Körper hinein (der sogenannte Body-Scan). Dabei ist es egal, ob Sie bei den Füßen oder beim Kopf beginnen. Der Body-Scan ist eine Wahrnehmungsübung, bei der es ausschließlich darum geht, seinen Körper und seine Empfindungen einmal wahrzunehmen. Wandern Sie also gedanklich von Körperteil zu Körperteil (z. B.: Füße, Unterschenkel, Oberschenkel, Becken, Bauch, Brustkorb, Rücken, Nacken, Oberarme, Unterarme, Hände, Kopfhaut, Stirn, Mundpartie) und versuchen Sie zu spüren, wie sich der besagte Körperteil jeweils gerade anfühlt. Nehmen Sie dabei sowohl angenehme als auch unangenehme Empfindungen wahr, ohne diese in irgendeiner Form bewerten zu wollen.

Beenden Sie die Meditation, indem Sie die Augen öffnen, sich strecken und rekeln und langsam den Alltag wieder aufnehmen.

Sobald diese Übung flüssig funktioniert, können Sie den zeitlichen Rahmen Stück für Stück erst auf 7 und dann auf 10 Minuten erhöhen. Sie werden merken, dass es immer einfacher wird und Sie irgendwann eine richtige Routine bekommen. Nach nur einigen Wochen können Sie eine merkliche Veränderung Ihrer Stressresistenz feststellen.

Kontrolliertes Herauslassen

Lassen Sie es raus! Schreien und sogar weinen sind natürliche Reaktionen des Körpers auf Frust, Trauer und Wut. Dadurch befreit sich der Organismus von seinen mentalen Belastungen. Jedoch sollten Sie natürlich nicht in jeder Situation direkt Ihre Mitmenschen anbrüllen und es könnte auch kontraproduktiv sein, immer anzufangen zu weinen. Suchen Sie sich also in regelmäßigen

Abständen Orte und Situationen, in denen Sie einmal richtig laut sein können. Dazu können Sie sich auf der Autobahnbrücke die Seele aus dem Leib schreien oder lautstark in den Wald hinein schluchzen. Es hilft aber auch, die Musik einmal richtig laut aufzudrehen und mit voller Wucht mitzusingen.

Das Gegenteilprinzip

Ein einfacher Leitsatz für eine konstruktive Problemlösung ist folgender: Sobald Sie wütend werden, nehmen Sie den ersten affektiven Handlungsimpuls wahr. Tun Sie dann das Gegenteil.

Das klingt erst einmal abwegig, macht aber Sinn, solange die ausgeführte Handlung noch einen aktiven und progressiven Charakter hat. Das Gegenteil von Zuschlagen sollte nicht Weglaufen, sondern Reden sein. Das Gegenteil von Verdrängen sollte auch nicht Anbrüllen, sondern Wahrnehmen und Lösungssuche sein.

Dazu einige Beispiele

Ihr Partner trennt sich überraschend von Ihnen. Die erste Reaktion: Sie verfluchen die Person und wollen sie nie wiedersehen. Bars, die gemeinsam besucht wurden, werden vermieden und alle Fotos zerrissen. Ein klassischer Fluchtreflex. Für die anfängliche Verarbeitung mag dies erst einmal helfen. Doch nach einer gewissen Zeit können Sie die Situation umkehren und die Schuld nicht mehr nur bei Ihrem Ex-Partner, sondern auch bei sich selbst suchen und die Gründe rational betrachten. Dadurch können Sie einiges für die nächste Beziehung lernen. Wechseln Sie in eine Flucht nach vorn und treten Sie in freundlicher Weise in Kontakt zu dem Ex-Partner. Im Nachhinein werden Sie stolz auf sich sein.

Ihr Chef kritisiert Ihre Arbeit vor allen Mitarbeitern. Der erste Impuls ist Aggression. Sie möchten beleidigend und ausfallend werden und empfinden das Verhalten als unfair. Stattdessen ziehen Sie sich kurz zurück und evaluieren Ihre eigene Arbeit noch einmal neu. Vielleicht hat der Chef zu Teilen auch recht mit seiner Kritik und Sie wollten es sich im ersten Moment nicht eingestehen? Sprechen Sie Ihren Chef privat und in ruhigem Gemüt auf die Situation an und teilen Sie ihm Ihre Gefühle diesbezüglich mit. Ihr Verhältnis wird danach besser sein und die Wahrscheinlichkeit eines erneuten Auftretens einer vergleichbaren Situation wird sich drastisch minimieren.

Sie haben bei einem Bewerbungsgespräch nicht die beste Figur abgegeben und den Traumjob nicht bekommen. Ihr Frust äußert sich in depressiver Verstimmung und im Absinken Ihres Selbstwertes. Ihr Impuls ist es, doch bei Ihrem aktuellen Job zu bleiben, obwohl Sie mit diesem unzufrieden sind. Sie geben sich jedoch einen Ruck und versuchen es weiter bei vergleichbaren Stellen. Mit jedem Gespräch bekommen Sie mehr Übung und irgendwann präsentieren Sie sich in Bestform und bekommen den Job. Wer weiß, vielleicht ist dieser ja sogar noch besser als der, auf den Sie sich zuerst beworben haben?

Zwischen dem ersten Aufwallen der Aggression und der Handlung liegt im Idealfall ein gewisser Zeitraum, in dem reflektiert werden kann. Affekthandlungen führen fast nie zu einem konstruktiven Ergebnis. Wichtig ist es jedoch, die negative Emotion nicht zu verdrängen. Nur weil die erste starke wütende Empfindung vorbei ist, heißt das nicht, dass das Problem gelöst ist. Oft ist es hilfreich, sich Dinge zu notieren, die einen gestört haben. Machen Sie sich klar, dass es für Ihre Empfindungen immer einen Grund gibt.

Selbstmotivation

Manchmal braucht es einen Schubser von außen, damit wir in die Gänge kommen. Emotionen können ein großer Motivationsfaktor sein, den wir nicht übersehen dürfen. Durch die Unterdrückung von Bedürfnissen und Emotionen, die der Zielerreichung hinderlich sind, können wir im Leben erfolgreicher sein. Wir können aber auch positive Emotionen nutzen, um uns zu motivieren. Studien haben gezeigt, dass Personen, die sich selbst motivieren können, glücklicher sind und auch in beruflichen Dingen mehr Erfolg haben.

Stellen Sie sich folgende Situation vor: Sie arbeiten vom Home Office aus und müssen dringend eine Arbeit abgeben, die sie nicht wirklich begeistert. Sie haben noch keine einzige Idee und sitzen schon seit einer Stunde vor Ihrem Computer, ohne auch nur ein einziges Wort geschrieben zu haben. Ihre gesamte Stimmung schwingt immer mehr ins Negative um. Sie haben keine Ahnung, wie Sie sich heute zur Arbeit motivieren sollen und würden sich am liebsten unter einer Decke verkriechen, Netflix gucken und Eis essen.

Lasse Sie sich jetzt von Ihren negativen Gefühlen leiten können Sie den Tag schmeißen. Aber sich aufzuraffen und doch noch was zu schaffen scheint unmöglich. Es gibt jedoch etwas was Sie tun können. Rufen Sie sich in solchen Situationen folgendes ins Gedächtnis: Sie haben die Wahl! Ihre Gefühle bestimmen Ihren Lebensalltag nicht. Keine höhere Macht entscheidet über Ihren Erfolg oder Misserfolg. Sie ganz alleine sind verantwortlich für Ihr Leben, Ihre Gefühle und Ihren Erfolg. Entscheiden Sie sich also für eine positive Stimmung. Tun Sie etwas, was Ihnen Spaß macht, Sie entspannt und setzten Sie sich dann an die Arbeit. Sie haben es in der Hand!

Es ist also genauso wichtig sich selbst einen Tritt in den Allerwertesten geben zu können, wenn man mal keine große Lust hat, sich an die Arbeit zu setzen, zu trainieren oder seinen Haushalt zu machen. Aber natürlich sind all diese Ratschläge leichter gesagt als getan. Um sich selbst zu motivieren, kann man einige Tricks anwenden.

Nur 10 Minuten

Setzen Sie sich an Ihre Arbeit, und zwar für exakt 10 Minuten. Nur 10 Minuten Arbeit und danach wird re-evaluiert. Die meisten Menschen werden in den ersten paar Minuten Schwierigkeiten damit haben, sich zu konzentrieren und ihre Arbeit richtig zu machen. Nach einigen Minuten kommen wir aber in eine Art Flow-Zustand und danach fällt es uns leichter einfach weiterzuarbeiten. Sie werden also nicht nur 10 Minuten arbeiten, mit dieser Methode können Sie locker eine Stunde schaffen! Sollten Sie sich nach diesen 10 Minuten immer noch nicht motivierter fühlen, können Sie ja eine Pause machen, etwas anderes erledigen und sich später nochmal dransetzen. Der Trick ist aber, dass man nach 10 Minuten Arbeit meistens einfach weitermacht.

Offen sein

Seien Sie ehrlich zu sich selbst! Sie kennen Ihre Stärken und Schwächen am besten. Sie wissen, wann Sie am produktivsten sind und wann Sie eine Pause brauchen. Wenn Sie über den Luxus verfügen, sich Ihre Arbeitszeit selbst einteilen zu dürfen, können Sie auf Ihre innere Uhr hören. Sie sind kein Morgenmensch? Dann fangen Sie erst ab Mittag an zu arbeiten! Wenn Sie abends eine Pause brauche dann teilen Sie sich Ihre Arbeit so ein, dass Sie tagsüber erledigt werden kann.

Haben Sie feste Arbeitszeiten vorgegeben, dann versuchen Sie die anspruchsvollsten Aufgaben während Ihres produktivsten Zeitfensters zu erledigen. So können Sie Ihre Energie dort hineinstecken, wo sie am dringendsten gebraucht wird. Die einfacheren Aufgaben können Sie dann erledigen, wenn Sie nicht mehr so viel Kraft haben. Seien Sie einfach ehrlich zu sich selbst und versuchen Sie in sich hineinzuhören, um Ihre produktivsten Arbeitszeiten zu finden.

Spaß

Haben Sie Spaß an dem was Sie tun! Natürlich können wir nicht jeden Tag gleich enthusiastisch an unsere Arbeit herangehen aber zum größten Teil sollten Sie mit Freude und Spaß bei der Sache sein. Ist das nicht der Fall ist es eventuell Zeit für einen Berufswechsel. Wenn Sie diesen drastischen Schritt nicht gehen möchten, versuchen Sie sich Ihre Arbeit lustiger zu gestalten. Tauschen Sie sich mit Kollegen aus, sprechen Sie mit Ihrem Chef, nehmen Sie ihr Glück in die Hand und motivieren Sie sich wieder für Ihre Arbeit.

Dieses Prinzip funktioniert auch in Ihrem persönlichen Leben. Wenn Sie nicht gerne Laufen, dann lassen Sie sich von niemandem erzählen, dass Sie laufen müssen, um fit zu bleiben. Sie können sich jede Sportart raussuchen, die Ihnen Spaß macht. Probieren Sie verschiedene Dinge aus bis Sie das richtige gefunden haben. Sie können auch jeden Tag etwas anderes machen, es kommt nur darauf an, was Ihnen Freude macht.

Realistisch sein

Setzen Sie sich realistische Ziele! Sie müssen keinen Marathon laufen, keine Arbeit in einer Nacht schreiben und keine 10.000 Euro im Monat verdienen. Wenn Sie sich zu hohe Ziele setzen, kann das demotivierend wirken. Besonders dann, wenn Sie es nicht schaffen diese Ziele zu erreichen. Versuchen Sie herauszufinden, was machbar ist und setzen Sie sich das als Ziel. Nutzen Sie Beispiele aus Ihrer Vergangenheit, um zu hinterfragen, wozu Sie in der Lage sind. Wenn Sie schon einmal eine Arbeit in einer Nacht geschrieben haben, dann ist das für Sie ein realistisches Ziel. Sollte das nicht der Fall gewesen sein nehmen Sie sich lieber mehr Zeit als zu wenig. Ansonsten droht die Gefahr, dass Sie sich selbst unter Stress setzen und am Ende an der Aufgabe scheitern. Das wirkt sich nicht nur schlecht auf Ihre Arbeit aus, sondern auch auf Ihr Selbstbewusstsein und Ihre Motivation.

Dazu kann ich Ihnen ein Beispiel aus meinem privaten Umfeld erzählen. Ein Bekannter hatte es sich zum Ziel gesetzt mit seiner neuen Werbeagentur im ersten Jahr 5.000 Euro im Monat zu verdienen. Obwohl das Ziel nicht unerreichbar war, kam es mir doch sehr unrealistisch vor und ich gab ihm den Ratschlag, sich doch lieber an etwas anderem zu orientieren. Anstatt sich einen Geldbetrag als Ziel zu setzen, sollte er lieber zufriedene Kunden, eine stabile Werbestrategie und Spaß an seiner neuen Arbeit zum Ziel nehmen. Der Bekannte nahm meinen Vorschlag allerdings nicht an und Anfangs ging es ihm mit seiner Agentur sehr gut, obwohl er sehr viel und sehr lange arbeiten musste. Die Kunden blieben aber aufgrund er fehlenden Strategie nicht lange bei ihm und der Druck und der Stress wurden meinem Bekannten zu viel. Er gab die Agentur auf und ist jetzt wieder bei einer Werbefirma angestellt. Die Erfahrung der Selbstständigkeit hat ihn allerdings so demotiviert und verunsichert, dass er sich keine neue Agentur mehr aufbauen möchte und diesen Traum damit aufgeben muss.

Unrealistische Ziele können also schwerwiegende Folgen für uns haben. Sie können uns von etwas abhalten, was wir eigentlich schaffen können und worin wir gut wären, hätten wir uns nur realistischere Ziele gesetzt.

Ich hoffe diese Tipps konnten Ihnen dabei helfen, sich selbst eine Motivationsstrategie zurechtzulegen. Vergessen Sie nie, dass eine aussichtslose Situation nicht unverändert bleiben muss. Sie haben es in der Hand und nur Sie können sich richtig motivieren. Nachdem Sie jetzt also gelernt haben, was Selbstmotivation ist und wie Sie sie verbessern können, wollen wir die nächste Fähigkeit von emotionaler Intelligenz verbessern.

Empathiefähigkeit stärken

Als Empathie definieren wir die Fähigkeit, die Gefühle anderer Menschen richtig einschätzen zu können. Oft wird Empathie mit Mitleid gleichgesetzt, aber in Wirklichkeit ist es möglich, den Schmerz (oder auch die Freude) einer anderen Person spüren zu können, ohne selbst komplett darin aufzugehen. Das Ziel ist nicht, die Gefühle Ihres Umfeldes 1:1 erleben zu können (im Gegenteil, denn das wäre sogar sehr anstrengend und kontraproduktiv), sondern sie ehrlich nachvollziehen zu können. Dabei ist man sich bewusst, dass diese Gefühle nicht seine eigenen sind.

Sich in andere Menschen hineinversetzen zu können ist vor allem schwierig, wenn man die Gefühle des Gegenübers selbst nicht teilt. Dazu ein simples Beispiel: Manche Menschen haben Ängste wie Lampenfieber, Höhenangst, Platzangst oder Flugangst. Als Person ohne derlei Ängste ist es schwierig bis unmöglich, das panische Gefühl nachzuvollziehen. Um den anderen zu beruhigen, versuchen sie es dann oft mit Logik: „Statistisch gesehen ist das Flugzeug das sicherste Verkehrsmittel auf der Welt.", oder: „Du musst keine Angst haben, hier ist doch ein Geländer." Diese Art der Hilfe, obwohl nett gemeint, funktioniert natürlich nicht, weil die Angst der panischen Person überhaupt nicht aus der logischen Abschätzung möglicher Gefahren entstammt. Wenig empathische Personen reagieren oft abschätzend auf derlei Phobien: „Stell dich nicht so an.", oder: „Mach nicht so ein Drama draus." Oft kategorisieren sie die Person automatisch als Angsthasen oder Dramaqueen.

Alle Menschen haben grundlegende Bedürfnisse, die sich stark ähneln. Diese können unterschiedlich ausgeprägt sein. Es gibt jedoch einige Bedürfnisse, die alle Menschen haben. Überlebenswichtig sind dabei erst einmal die Bedürfnisse des Körpers. Dazu gehören Wasser, Luft, Essen, sichere Unterkunft, Wärme, Licht, Körperkontakt und

Sex. Außerdem sollte unsere nächste Umgebung weitestgehend friedlich, ordentlich, harmonisch, natürlich und klar sein. Zudem haben wir alle auch zwischenmenschliche Bedürfnisse, wie Anerkennung, Gemeinschaft, Zugehörigkeit, Freundschaft, Liebe, Vertrauen, Geborgenheit und Mitgefühl. Zuletzt schlummern in jedem von uns die individuellen Bedürfnisse nach Selbstausdruck. Wir streben nach Unabhängigkeit, Selbstbestimmung, Selbstvertrauen und Selbstwert. Menschen werden unglücklich und unter Umständen auch krank, wenn ihre Grundbedürfnisse nicht erfüllt werden. Ihr Unglück kann dabei unterschiedliche Formen annehmen. Das Nicht-Erfüllen unserer physischen Bedürfnisse kann uns hungrig, müde, erschöpft oder ängstlich stimmen. Wenn wir keinen Selbstwert haben, macht uns das nervös, unsicher, hoffnungslos und besorgt. Wer zu wenig Kontakt zu seinen Mitmenschen hat, fühlt sich traurig, einsam, hilflos und enttäuscht.

Nicht nur im Privatleben, auch im Job wird Empathie immer wichtiger. Vor allem in Berufen, die von Kundenkontakt leben, gilt Empathie als eine Schlüsselkompetenz. Eine positive Kundenbeziehung lebt vom zwischenmenschlichen Erleben. Wenn Sie wissen, was Ihr Gegenüber denkt und vor allem WARUM er oder sie so denkt, haben Sie viel mehr Möglichkeiten, mit Ihren Argumenten an dieses Wissen anzuknüpfen und können Ihr Verhalten der Situation gewinnbringend anpassen.

Wie können Sie also empathischer werden? Ist das überhaupt möglich? Die gute Nachricht ist: Ja! Es ist möglich seine Empathiefähigkeit zu trainieren. Die schlechte Nachricht ist: Es braucht sehr viel Übung. Wenn Sie in Ihrem Leben schon viele traumatische Erlebnisse gemacht haben, haben Sie sich vielleicht eine Schutzmauer aufgebaut, die es schwieriger macht, Ihre eignen Emotionen zu erspüren und dadurch ist es auch schwieriger die Emotionen anderer richtig einzuschätzen. Hierbei gelten die oben genannten Tipps zur Verbesserung der Selbstwahrnehmung. Aber es gibt noch mehr Dinge, die Sie tun können, um empathischer zu werden. Sehen wir uns diese jetzt an.

Beobachten

Setzen Sie sich einmal in ein Café oder in einen Park und beobachten Sie die Menschen Ihres Umfeldes. Was meinen Sie wohl, wie es ihnen gerade geht? Sind sie gestresst oder entspannt, glücklich oder besorgt, gelangweilt oder interessiert? Erkennen Sie vielleicht auch, ob jemand eine bestimmte Emotion nur vortäuscht? Viele Touristen setzen sich in Paris gerne in Cafés, um Leute zu beobachten. Ich würde mich sogar trauen zu sagen, dass es zu einem Frankreichbesuch gehört Leute, ihre Mode und ihre Gepflogenheiten mit einem warmen Café au Lait in der Hand zu beobachten. Auf jeden Fall können wir viel über unsere Mitmenschen und sogar uns selbst lernen, wenn wir uns einfach nur hinsetzen und beobachten. Dabei muss man allerdings vorsichtig sein niemanden anzustarren, denn das kann schnell übergriffig und sogar aggressiv wirken. Setzen Sie sich also irgendwo gemütlich hin, wo viele Menschen an Ihnen vorbeigehen. Lassen Sie Ihr Handy in der Tasche und schauen Sie sich einfach nur um. Vielleicht können Sie an den Gesten und der Körperhaltung der Menschen schon einiges erfahren. Achten Sie auf die kleinen Bewegungen der Hände, Füße und auch der Augen und des Mundes. Versuchen Sie, ohne auch nur ein Wort zu hören, Konversationen zu verfolgen und zu erahnen was die Menschen sich gerade sagen. Ob Sie einander freundlich gestimmt sind oder lieber das Weite suchen würden. Sie werden sehen, bald können Sie auch Ihre eigenen Emotionen besser zuordnen und Ihre zwischenmenschliche Kommunikation verbessern.

Zuhören

Sind Sie ein guter Zuhörer? Oder nehmen Sie den Großteil eines Gespräches mit Ihren eigenen Beiträgen ein. Gehen Sie auf Gesagtes von anderen Menschen wirklich ein oder versuchen Sie eher, sie von Ihren eigenen Meinungen zu überzeugen? Machen Sie den Selbsttest und versuchen Sie in den kommenden Wochen Ihren Mitmenschen wirklich intensiv zuzuhören. Sie werden schnell merken, dass man sich als guter Zuhörer auch seine eigenen Gedanken machen muss. Es reicht nicht nur, den Worten zu lauschen, sondern es gehören auch gezielte Rückfragen zum Programm. Spannend wird es vor allem, wenn Sie mal nicht mit jemandem übereinstimmen. Versuchen Sie nicht, Ihre eigene Meinung dagegenzuhalten, sondern denken Sie darüber nach, wie und warum der andere zu seiner Überzeugung gekommen sein könnte. Versuchen Sie zu verstehen woher die Gedanken und Meinungen Ihres Mitmenschen kommen und auch wenn Sie anderer Meinung sind, versuchen Sie die Meinung des anderen zu akzeptieren. Ein großer Streitpunkt sind oft politische Überzeugungen. In meiner Familie gibt es sehr getrennte Meinung zum Thema Politik. Ein Teil meiner Familie denkt zum Beispiel, dass die große Zuwanderung in Europa zu einem Nachteil für uns führt. Ich bin hingegen der Meinung, dass wir es uns in Europa leisten können, Menschen in Not zu helfen. Ein Angriff auf die tief verwurzelten, politischen Ideologien einer Person bringt selten Veränderung mit sich. Ein offenes und freundliches Gespräch hingegen kann viele Menschen zum Nachdenken und eventuell sogar Umdenken bringen. Durch intensive Gespräche mit meiner Familie habe ich herausgefunden, dass wir grundsätzlich alle das Beste für uns selbst und unsere Liebsten wollen. Mit einem offenen Ohr und einem offenen Herzen haben wir gelernt, die Meinung der anderen zu akzeptieren und zu respektieren und wir können sogar über dieses heikle Thema sprechen, ohne jemanden verbal angreifen zu müssen. Durch aktives Zuhören und vor allem Verständnis und Akzeptanz für die Meinung anderer, kommen Menschen viel öfter zum Umdenken als durch Angriffe oder gut gemeinte Ratschläge.

Selbstbezug

Erich Fromm hat einmal gesagt: „Es gibt in einem anderen Menschen nichts, was es nicht auch in mir gibt." Auch wenn Ihnen die Ansichten, Meinungen oder Gefühle einer anderen Person völlig fremd erscheinen, liegen fast immer Grundbedürfnisse dahinter, die auch Sie von sich selbst kennen. Eine Person, die unglaublich arrogant und unnahbar erscheint, ist Ihnen auf den ersten Blick bestimmt unsympathisch. Doch wenn Sie verstehen können, dass diese Person aus Unsicherheit oder Überforderung so handelt, denken Sie bestimmt anders über sie. Dazu möchte ich Ihnen gerne eine kleine Geschichte erzählen. Ich habe in meiner Jugend als Betreuerin in einem Sommercamp für Jugendliche viele unterschiedliche Charaktere kennen lernen dürfen. Unter den Betreuern war immer schnell klar, welches Kind zickig oder bockig ist, welches arrogant und unnahbar und welches freundlich und herzlich. Meistens änderten sich die Meinungen über diese Jugendlichen aber bis zum Ende des Camps. Es gab ein Mädchen, welches besonders arrogant und zickig wirkte. Sofort begegneten wir ihr mit einer Art Distanz, weil uns ihre Art nicht wirklich zusagte. Im Laufe des Feriencamps und durch die Teamübungen wie Seilklettern, Segeln, und andere Sportarten, änderte sich das Verhalten des Mädchens aber und sie entwickelte sich zum Liebling aller Betreuer. Bei der Abschlussbesprechung konfrontierten wir Sie mit unserem ersten Eindruck und erklärten ihr, wie froh wir waren ihr wahres ich kennen gelernt zu haben. Daraufhin erzählte uns das Mädchen unter Tränen, dass sie oft als hochnäsig und unnahbar abgestempelt wird obwohl sie grundsätzlich eher schüchtern ist und aus familiären Gründen Schwierigkeiten hat neue Leute in ihr Leben zu lassen. Unser erster Eindruck war also schlichtweg falsch. Sie war, wie wir alle, einfach etwas unsicher in dieser neuen Gruppe, hatte Probleme zu Hause und sich dadurch eine Barriere aufgebaut, um sie vor Enttäuschungen zu schützen. Da ich selbst als Kind sehr reserviert und unnahbar war, konnte ich mit ihr mitfühlen und mich ihr öffnen. Wodurch sie sich auch mir und den anderen Betreuern gegenüber öffnen konnte. Probieren Sie es mal aus und suchen Sie nach Gemeinsamkeiten – vor allem bei Leuten, die Sie eigentlich nicht mögen.

Soziales Training

Beobachten Sie einmal Ihre eigenen sozialen Interaktionen genauer. Wie ist die Gesprächssituation? Unterbrechen Sie Ihren Gesprächspartner? Wenn ja, wie reagiert er darauf? Unterbricht er vielleicht auch Sie? Wie reagieren Sie darauf? Was sagt die Körperhaltung der anderen Person aus? Ist sein Körper abgewandt oder zugewandt? Scheint er gelangweilt oder interessiert? Diese Art des sozialen Trainings ist sehr wichtig, für zwischenmenschliche Interaktionen. Wieder geht es um das Beobachten von Menschen. Gespräche, und vor allem die Sprache, sind unsere größte Errungenschaft als menschliche Lebewesen. Durch sie unterscheiden wir uns von anderen Tieren. Aber nicht nur das gesprochene Wort ist ausschlaggebend, auch die nonverbale Kommunikation, also das was wir mit unseren Körperbewegungen sagen ist wichtig. Ein wichtiger Hinweis ist zum Beispiel das Wegdrehen der Füße. Wenn Sie in einem Gespräch merken, dass ihr Gesprächspartner plötzlich seine Füße von ihnen abwendet oder auf den nächsten Ausgang richtet, möchte er das Gespräch wahrscheinlich beenden. Diese „social clues" können Ihnen daher viel über die wahren Intentionen Ihrer Mitmenschen verraten.

Weg mit den Vorurteilen

Innerhalb der ersten drei Sekunden des Kennenlernens mit jemandem bildet sich unser Gehirn bereits eine Meinung über diese Person. Als Urteilsfaktoren nimmt es dazu alles, was es bekommen kann: also Aussehen, Stimmlage, Klamotten etc. Diesen Mechanismus werden wir nie ganz abstellen können, es ist aber wichtig, sich ihm bewusst zu werden, damit wir uns über derlei oberflächliche Urteile hinwegsetzen können. Wenn Ihnen also das nächste Mal jemand unsympathisch (oder sympathisch) ist, versuchen Sie einfach mal zu hinterfragen, wie Sie zu dieser Einschätzung kommen. Das schnelle Einordnen von Personen in Freund oder Feind ist evolutionär gesehen wichtig für unser Überleben. Heutzutage müssen wir uns aber normalerweise keine Sorgen mehr machen, dass uns jemand mit der Keule eins überziehen möchte. Beziehungsweis hoffe ich, dass Sie sich darüber keine Sorgen mehr machen müssen. Trotzdem ist das instinktive Verhalten nicht einfach abzustellen und deswegen müssen wir aktiv dagegen steuern. Versuchen Sie auch offen auf jemanden zuzugehen, der keinen so guten ersten Eindruck auf Sie gemacht hat. Lassen Sie sich nicht von Ihren Vorurteilen leiten, sondern hören Sie auf Ihr Herz. Gibt es eine situative Begründung dafür, wieso diese Person sich auf eine bestimmte Weise verhält? Wenn wir die Gründe für ein Verhalten nicht in der Person selbst, sondern in den äußeren Begleitumständen suchen, fällt es uns leichter Ihnen freundlich entgegenzutreten. Wenn jemand zu spät zur Arbeit kommt können Sie sich entweder denken: „Das ist ein fauler Sack. Der kommt zu spät!", oder aber Sie versuchen die Gründe für sein Verhalten in seiner Umwelt zu suchen. Vielleicht steckte er einfach nur im Stau, weil auf seiner üblichen Route ein Verkehrsunfall passiert ist. Lassen Sie sich nicht von Ihrem ersten Eindruck in eine bestimmte Richtung drängen. Versuchen Sie, jedem Menschen mit einem offenen Ohr und einem offenen Herzen zu begegnen.

SOZIALE KOMPETENZ VERBESSERN

Sie haben schon einige Tipps bekommen, mit denen Sie Ihre emotionale Intelligenz um ein Vielfaches erhöhen können. Ein Aspekt des EQs fehlt uns aber noch: Die Soziale Kompetenz.

Networking heißt es in der Businesswelt. Im Privatleben spricht man davon soziale Kontakte zu knüpfen. Je mehr Sie mit unterschiedlichen Menschen sprechen, desto mehr erweitern Sie Ihren Horizont! Auch wenn Sie nicht davon überzeugt sind, was der andere sagt, Sie können nur dazulernen und durch Ihre neuen Erfahrungen reicher werden. Negative Erfahrungen gehören genauso zum Leben dazu wie positive.

Aber was bedeutet soziale Kompetenz eigentlich? Sozial kompetente Menschen verstehen es, mit anderen Personen zu kommunizieren. Sie fühlen sich in großen Menschenmassen am wohlsten und scheuen nicht vor Interaktionen mit anderen Menschen zurück. Sie haben oft einen großen Freundeskreis und gehen regelmäßig aus. Sie genießen es, im Mittelpunkt zu stehen und suchen das Gespräch mit Ihrem Gegenüber.

Die Beziehungen, die sie zu ihren Mitmenschen aufbauen, sind langanhaltend und von harmonisch. Menschen, mit sozialer Kompetenz, kennen einige Konfliktlösestrategien, die in Streitsituationen sehr vorteilhaft sein können. Sie haben die Fähigkeit, Konfrontationen zu deeskalieren. Streitgespräche zwischen emotional intelligenten Menschen laufen oft ruhig und sachlich ab, selten kommt es zu emotional geladenen oder gar aggressiven Begegnungen. Sie kennen ihr eigenes Konfliktpotenzial, analysieren Verhalten und nehmen es bewusst wahr. Durch die Kenntnis nonverbaler Zeichen, wissen Sie welche Botschaft der Sprecher in seiner Nachricht versteckt. Dieses Wissen hilft Ihnen, unnötige Konflikte zu vermeiden und unsympathischen Artgenossen aus dem Weg zu gehen. Wichtig ist im Gespräch auch die Wertschätzung der einzelnen Partner.

In der Businesswelt gilt soziale Kompetenz auch als Führungskompetenz. Menschen, die sozial kompetent sind, können andere besser anleiten und sind die idealen Manager. Sie wissen, worauf es bei einer Teamarbeit ankommt und können dies ihren Mitarbeitern verständlich vermitteln.

Ich habe Ihnen einige Ratschläge zusammengefasst, die Ihnen helfen sollen Ihre soziale Kompetenz zu verbessern.

Legen wir also direkt los!

Kontakte

Wie schon erwähnt, kann man seine soziale Kompetenz nur verbessern indem man Kontakte knüpft. Am besten sind diese Kontakte neu und divers. Versuchen Sie mit möglichst vielen verschiedenen Menschen in Kontakt zu treten. Unterschiedliche Altersgruppen und Ethnizitäten, Menschen aus allen sozialen Schichten. Nur so lernen Sie, aus Ihrer persönlichen Blase herauszutreten und die Welt als das zu betrachten was sie ist – ungleich, riesengroß und vielfältig. Neue Länder zu bereisen und sich mit den örtlichen Besonderheiten vertraut zu machen ist eine Möglichkeit seine Perspektive zu erweitern. Sollten Sie gerade nicht reisen können, oder wollen, suchen Sie sich Personen in Ihrer Stadt, mit denen Sie normalerweise nicht kommunizieren. In jeder Stadt gibt es Ecken oder Viertel, in denen Menschen unterschiedlicher Herkunft zusammenkommen. Suchen Sie aktiv nach diesen Menschen und lernen Sie dabei etwas Neues über sich selbst.

Kritik annehmen

Lassen Sie sich von negativen Kommentaren leicht aus der Ruhe bringen? Lernen Sie, sich nicht von Kritik aus der Ruhe bringen zu lassen. Vor allem für konstruktive Kritik sollten Sie dankbar sein. Sehen Sie sie als Chance für persönliches Wachstum. Hinterfragen Sie den Wahrheitsgehalt hinter der Aussage Ihres Gesprächspartners und picken Sie sich die Informationen heraus, die für Ihre Weiterentwicklung von Vorteil sein könnten. Lassen Sie sich nicht von jemandem einreden, dass Sie als Person nicht gut genug sind. Sie sind genau richtig so wie Sie sind. Nehmen Sie aber trotzdem jede Gelegenheit wahr sich weiterzuentwickeln und Ihr eigenes Leben etwas einfacher und schöner zu machen.

Konfliktmanagement

Ein Streit muss nicht immer laut und hitzig sein. Es gibt auch Methoden der Konfliktlösung die ruhig und sachlich von statten gehen. Es ist sehr wichtig richtig streiten zu können, nicht nur für Ihre Beziehung auch für Konflikte mit Vermietern oder Chefs können Konfliktlösetechniken von Vorteil sein.

Beobachten Sie mal andere Leute bei Diskussionen. Wer hat die Oberhand? Sind beide Partner gleichwertig? Wie kommunizieren die Gesprächspartner Ihre Anliegen?

Versuchen Sie auf all diese Fragen eine Antwort zu finden.

Um zu verstehen, wie ein Gespräch zu einem Streitgespräch wird, müssen Sie erstmal ganz gewöhnliche zwischenmenschliche Begegnungen beobachten. Sehen Sie sich an, wie die beiden Parteien miteinander umgehen und lernen Sie, wie es von einem Gespräch zu einer Eskalation kommt. Nur so können Sie lernen ein Deeskalationsgespräch anzuleiten.

„Du bist mein Problem!". Alles was schief läuft, wird auf den anderen geschoben. Wenn beide Gesprächspartner die Ursache allen Übels beim Gegenüber suchen, wird das Gespräch schnell eskalieren. Es wichtig, die Konsequenzen des eigenen Verhaltens zu tragen und dazu zu stehen, wenn mal etwas falsch gemacht hat.

Wenn der Streit dann weiterhin eskaliert, bleibt es oft nicht bei einem Problem. Gelöste und ungelöste aus der Vergangenheit werden in den Streit miteingebracht. Das Gespräch wird dadurch immer komplexer und unübersichtlicher. Sie sollten immer beim Punkt bleiben und auch den anderen auf den Boden der Tatsachen zurückholen, wenn er zu stark vom Thema abweicht.

Die eigenen Fehler werden heruntergespielt oder stark vereinfacht dargestellt. Sich selbst einzugestehen, dass man sich daneben benommen hat ist schwer, der nächste Schritt ist dann, es auch vor anderen zuzugeben und sachlich dazu zustehen was man angestellt hat. Wenn Sie Ihr Gegenüber dabei erwischen das er oder sie ständig ihre eigenen Unvollkommenheiten entschuldigt und verharmlost, raten sie ihm sich in ihre Situation hineinzuversetzen oder sich vorzustellen die eigene Tochter oder er eigene Sohn wäre in der gleichen Situation. Würden sie die Fehltritte dann immer noch herunterspielen?

Es werden „Zeugen" in das Gespräch eingebracht. Die Streitparteien werden bald immer mehr außenstehende Personen in das Gespräch miteinbeziehen, um ihren Punkt zu verdeutlichen. Wenn die Mutter Ihres Partners ihn schon einmal als schwierige Person bezeichnet hat, könnten Sie das in ihrem nächsten Streit als Argument verwenden, um klarzustellen, dass der andere falsch liegt.

Die Gesprächspartner werfen mit Drohungen um sich. Vermeiden Sie es, in Konfliktsituationen dem anderen zu drohen. Das führt oft zu mehr Aggression und lässt die Situation noch schneller eskalieren.

Jetzt verstehen Sie, wie ein einfaches Gespräch zu einem hitzigen Streit werden kann. Mit den nachfolgenden Schritten lernen Sie, wie Sie die Eskalation vermeiden oder die Situation deeskalieren können.

1. Anstatt sich aus einem Streitgespräch rauszuhalten, sollten Sie aktiv das Gespräch mit den streitenden suchen. Erklären Sie ihnen, dass Sie den Grund für Ihren Streit verstehen und lassen Sie beide Seiten ihre Geschichte erzählen.
2. Stelle von Anfang an klar, dass das Gespräch mit einer positiven Lösung für beide Parteien abgeschlossenen werden muss.
3. Was bedeutet dieser Streit für Ihre Mitmenschen und Ihre Firma? Erklären Sie den Kontrahenten, was es für sie bedeutet, wenn Sie ihren Streit nicht beiseitelegen. Es ist wichtig, dass sich die Personen den Konsequenzen ihres Konflikts bewusst sind.
4. Äußern Sie auch, was Sie nicht möchten. Mindestens genauso wichtig, wie zu sagen was Sie sich von dem Gespräch erwarten ist es zu sagen was Sie sich nicht für die Zukunft wünschen. Das könnte sich zum Beispiel so anhören: „Ich möchte nicht, dass Angestellte Ihre privaten Probleme in der Arbeit austragen. Es ist wichtig, dass wir einander auf Augenhöhe begegnen und unsere Konflikte sachlich austragen, aber außerhalb der Arbeitszeit. Es geht nicht, dass sich jeder unprofessionell verhält, wenn er mit dem anderen nicht einer Meinung ist."
5. Stellen Sie klar, dass offene Gespräche erwünscht sind. Geben Sie den Gesprächspartnern zu verstehen, dass sie sich ohne Angst vor Konsequenzen offen und ehrlich austauschen dürfen. Es ist wichtig, dass sich die Parteien wohlfühlen und nicht befürchten müssen, dass die Informationen und Geheimnisse an die Öffentlichkeit gelangen.

6. Wenn Sie der Streit persönlich sehr belastet, äußern Sie auch das! Geben Sie Ihren Gefühlen eine Stimme und sagen Sie, was Sie bedrückt. Es gibt nichts Wichtigeres als die Ehrlichkeit aller Beteiligten.
7. Suchen Sie die Schuld nicht in den Personen, sondern in den Umständen. Wenn sich die Personen gegenseitig die Schuld zuweisen, erklären Sie ihnen, dass Schuldzuweisungen sie nicht weiterbringen und dass sie das Problem in der Situation und den äußeren Umständen suchen sollten. Lassen Sie den Schuldigen selbst die Konsequenzen seines Handelns tragen.
8. Bleiben Sie gelassen und sachlich. Ein Konfliktgespräch kann manchmal sehr unheimlich sein. Die hitzigen Gesprächspartner könnten unberechenbar sein und Sie wissen nicht, wozu sie fähig wären. Lassen Sie sich nicht von diesen Gedanken antreiben. Behalten Sie einen kühlen Kopf und bleiben Sie immer bei der Sache. Die Gesprächspartner sind zwei unterschiedliche Parteien mit unterschiedlichen Meinungen. Sie müssen sich nicht dazwischen stellen und auch nicht vor ihnen fürchten.

Verschiedene Arten von Konflikten

Es gibt zwei unterschiedliche Arten von Konflikten. Den Sachkonflikt und den Beziehungskonflikt. Der Unterschied liegt in der Lösung des Problems. Bei Sachkonflikten ist das Ziel die Aufbereitung einer Lösung. Es ist wichtig, eine konkrete Strategie für die Problemlösung zu entwickeln und anzuwenden. Das Problem kann häufig quantifiziert werden und eine rasche Bearbeitung kann erwartet werden. Zum Beispiel: Bei der Bestellung der nächsten Warenlieferung wurde um 100 Euro zu wenig bestellt und der Kunde hat bereits im Voraus bezahl.

In diesem Fall einen Schuldigen auszumachen und diesen zu bestrafen kostet Zeit und Energie. Jetzt ist es wichtig, rasch eine Lösung zu finden und gemeinsam an einer Strategie zu arbeiten.

Auch im persönlichen Leben gibt es Sachkonflikte. Wenn sich Ehepartner beispielsweise um die Anschaffung eines neuen Autos streiten, sollten die einzelnen Pros und Kontras der Personen sachlich vorgetragen und analysiert werden, um die bestmögliche Lösung für beide zu finden.

Konflikte auf der Beziehungsebene sollten genauso wertfrei und ehrlich von statten gehen wie Sachkonflikte. Der Streit dreht sich aber um die Gefühle der einzelnen Gesprächspartner zueinander. Eventuell stellen Ehepaare die Liebe zueinander in Frage oder Geschäftspartner hinterfragen die wahren Gründe der Zusammenarbeit mit dem anderen. Die Lösung liegt also eher in der Informationsfindung und dem Aufbau einer soliden und wertschätzenden Beziehung.

Fazit zur emotionalen Intelligenz

Sie haben nun also alle einzelnen Bereiche emotionaler Intelligenz kennengelernt und können einige Techniken anwenden, um Ihren Emotionsquotienten zu erhöhen.

Abgesehen von einzelnen Personen mit neuronalen Störungen oder psychischen Krankheiten, sind wir alle in der Lage emotionale Intelligenz aufzubauen. Obwohl uns diese Gabe eigentlich in die Wiege gelegt wurde, vergraben wird sie unter einem Haufen aus gesellschaftlichen Konventionen, einem stressigen Alltag und permanenter medialer Ablenkung. Ein hoher EQ kann uns in allen Lebensbereichen weiterhelfen, indem er uns dabei unterstützt, soziale Situationen besser einschätzen zu können, Menschen besser lesen zu können und uns außerdem ein höheres Selbstvertrauen verschafft. Eigentlich ist es gar nicht schwer, seinen EQ zu trainieren.

Trotzdem fällt es vielen Menschen, gerade zu Anfang, schwer, sich auf diese ungewohnte Introspektion einzulassen. Das ist ganz natürlich und sollte Sie nicht demotivieren. Der Schlüssel zum Erfolg liegt in der Regelmäßigkeit der Praktiken. Wenn Sie jeden Tag nur ein kleines bisschen achtsamer mit sich selbst und Ihrem Umfeld werden, ist das schon ein riesiger Schritt in die richtige Richtung!

DURCHSETZUNGSKRAFT TO-GO!

Sie haben nun alle Werkzeuge an der Hand, Ihre emotionale Intelligenz langfristig zu stärken. Ihre eigene Arbeit daran ist die wichtigste Grundlage für das erfolgreiche und gewinnbringende managen sozialer Situationen. Doch der Weg dahin ist steinig und in der Zwischenzeit wollen Sie natürlich bereits damit anfangen, die soziale Kontrolle zu gewinnen. Vor allem im Berufsleben ist es von höchster Wichtigkeit, sich gut zu verkaufen und in entscheidenden Gesprächen die Oberhand zu behalten. Mit ein paar einfachen psychologischen Tricks können Sie bereits so einiges erreichen. Dabei reicht es oft, auf simple rhetorische Strategien zurückzugreifen oder Ihre Körpersprache anzupassen. Im sozialen Austausch kommt es auf zwei Dinge an: Den Gesprächspartner richtig zu interpretieren und sich selbst so präsentieren zu können, dass es sich für Sie lohnt. Beginnen wir mit dem Lesen anderer Menschen. Woran können Sie die wahren Intentionen Ihrer Gesprächspartner erkennen? Was sind klare Anzeichen dafür, dass jemand die Unwahrheit sagt oder Sie manipulieren will? Gibt es so etwas wie Gedankenleser überhaupt? In den nächsten Kapiteln möchte ich Ihnen die Antworten auf diese Fragen geben. Durch geschickte Analysen der nonverbalen Zeichen von Personen, können Sie Gespräche besser einschätzen und die versteckten Intentionen Ihres Gesprächspartners enttarnen. Stellen Sie sich zum Beispiel vor, Sie sitzen jemandem gegenüber der seine Beine gekreuzt hat. Die Füße zeigen ganz leicht in Ihre Richtung und die Person wirkt generell sehr entspannt. Als Sie der Person erzählen, dass Sie seine Frau heute morgen im Park gesehen haben, zuckt der Mund Ihres Gegenübers blitzschnell zusammen und er überkreuzt die Füße in die andere Richtung, nämlich Richtung Ausgang. Diese Information bedeutet also ganz offensichtlich etwas Negatives für den Empfänger. Sie können nun nachfragen, wieso ihn diese Botschaft verunsichert, oder Sie können die Information zu Ihrem eigenen Vorteil nutzen. Je nachdem, was dieser gerade sein mag.

Um Durchsetzungsvermögen zu zeigen, seien Sie überzeugt von dem was Sie möchten. Sie müssen genau wissen, wovon Sie sprechen und Sie sollten Selbstbewusstsein ausstrahlen. Seien Sie sich Ihrer Sache sicher! Sie sind ausgezeichnet so, wie Sie sind und das dürfen Sie auch zeigen.

Bei der Durchsetzungskraft kommt es genauso wie bei der emotionalen Intelligenz auf die Fähigkeit an, sich selbst mit all seinen Fehlern und Emotionen authentisch wahrzunehmen. Reflektieren Sie also Ihre eigenen Motive und auch Ihr eigenes Talent. Nur wenn Sie sich selbst so sehen, wie Sie sind können Sie auch andere so wahrnehmen.

Kennen Sie wirklich alle Einzelheiten des Projekts? Machen Sie sich vor der Präsentation noch einmal mit allen Daten vertraut und seien Sie selbstsicher in Ihrem Vortrag, wenn Sie alle Informationen kennen und verstehen.

Wichtig ist auch, von anderen respektiert zu werden. Tun Sie nichts, wodurch Sie den Respekt Ihrer Mitmenschen verlieren könnten. Bleiben Sie Ihren Werten lieber treu. Wenn Sie Ihr Ansehen erstmal verloren haben, ist es sehr schwierig es wieder zurückzugewinnen.

Bleiben Sie auch dann bei Ihrer Idee, wenn andere sie schlechtreden. Wenn Sie von etwas wirklich überzeugt sind, lassen Sie sich nicht von Ihren Mitmenschen davon abbringen. Ihre Vorstellungen werden nicht bei allen Personen gleich gut ankommen. Rechnen Sie mit unterschiedlichen Meinungen und leichtem Widerstand in der Umsetzung ihrer Ideen. Entgegenwirken können Sie dieser Hürde nur mit Ehrlichkeit und Transparenz. Geben Sie dem Anderen Einblicke in Ihre Träume, die sonst nur Sie haben.

Lassen Sie ihn an Ihren Visionen teilhaben, um ihn davon zu überzeugen, dass sie einen Versuch wert sind.

Wenden Sie keine Druckmittel an, um zu bekommen was Sie wollen. Die meisten Menschen reagieren eher negativ aud Drohungen und Druck. Vor allem haltlose Versprechungen sollten vermieden werden. Sie lassen Sie eher lächerlich aussehen, anstatt Ihnen zu helfen Ihren Standpunkt zu verteidigen. Diese Mittel sollten in einem Gespräch nie angewandt werden und sind nur in Ausnahmesituationen ein geeignetes Instrument, zur Erreichung der eigenen Ziele.

Wenn Sie Durchsetzungsvermögen ausstrahlen möchten, müssen Sie sich richtig präsentieren. Kleiden Sie sich so, wie Sie von anderen wahrgenommen werden möchten. Zeigen Sie mit Ihrem gesamten Erscheinungsbild Ihre Selbstsicherheit. Ihre Körperhaltung und Mimik kann Sie vorteilhaft erscheinen lassen oder Sie in ein schlechtes Licht rücken. Gehen Sie auf Nummer sicher und üben Sie einige Gesten, die Sie selbstsicherer und autoritärer erscheinen lassen. Weiblichen Vorgesetzten rate ich beispielweise Ihre Hände in die Hüften zu stemmen aber die Daumen dabei nach vorne zeigen zu lassen. Das zeigt dem Gegenüber, dass Sie hier der Chef sind und, dass Sie sich Ihrer Sache sicher sind und durch nichts verunsichern lassen.

Auch Ihre Stimme sollte Stärke zeigen. Machen Sie vor einem wichtigen Gespräch einige Stimmübungen, um Ihren Klang zu klären und zu verbessern. Die Stimme kann viel über Ihre innere Haltung verraten. Sie entscheiden, welche Informationen Sie von sich preisgeben möchten.

Achten Sie auf die richtige Wortwahl, wenn Sie möchten, dass der andere Ihren Standpunkt versteht. Anstatt um den heißen Brei herumzureden sollten Sie klar und deutlich kommunizieren was Sie möchten und was Sie sich erwarten.

Tun Sie das was Sie sagen auch selbst. Es wird Ihnen schwer fallen eine Idee oder ein Produkt zu verkaufen, wenn Sie es nicht selbst ausprobiert haben. Egal, ob Sie dem anderen klarmachen möchten, dass er nicht so schnell fahren soll oder dass er in Meetings mehr zuhören und weniger reden sollte, tun Sie das was Sie predigen auch selbst. Ihre Glaubwürdigkeit und Ihr Durchsetzungsvermögen werden dadurch immens steigen.

Wie reagieren Sie, wenn etwas nicht nach Plan läuft? Schmeißen Sie das Handtuch oder machen Sie tapfer weiter? Durchhaltevermögen und Durchsetzungsvermögen gehen Hand in Hand. Wenn Sie stark und durchsetzungskräftig wirken möchten, sollten Sie nicht gleich aufgeben, sondern Ihre Pläne solange verfolgen, bis Sie sie verwirklicht haben.

Manchmal stecken wir aber in einer aussichtslosen Sackgasse. Hier ist Flexibilität angebracht. Haben Sie einen Plan B? Gibt es etwas, das Sie tun können ,um Ihr Ziel auf einem anderen Weg zu erreichen? Evaluieren Sie Ihren eigenen Pfad immer wieder, um festzustellen ob Sie in die richtige Richtung gehen. Sollten Sie nämlich falsch gehen, ist es an der Zeit umzudrehen und den Kurs richtig zu stellen.

Präsentieren Sie Ihre Botschaft richtig. Wenn Sie Ihr Anliegen für den anderen angenehm gestalten, werden Sie ihn leichter auf Ihre Seite ziehen können. Wenn es Ihnen wichtig ist, dass Ihr Gegenüber mit Ihnen übereinstimmt, erzählen Sie ihm auf so sanfte Weise wie möglich, von Ihren Plänen.

Schaffen Sie eine positive Interaktionsgrundlage. Die Beziehung zwischen den Gesprächspartner sollte freundlich sein. Wir stimmen Menschen eher zu, wenn wir sie als sympathisch einschätzen.

Das nächste Kapitel setzt sich mit den verbalen und nonverbalen Verhaltensweisen auseinander, die wir als Indizien heranziehen können, um die verborgenen Intentionen unseres Gegenübers hervorzuheben.

MENSCHEN LESEN LERNEN

Über 80 % der zwischenmenschlichen Kommunikation laufen gar nicht über Gesagtes ab, sondern über die Körpersprache und Mimik. Eine Lüge zu erzählen, ist nicht schwierig. Aber eine Lüge glaubhaft rüberzubringen, ist schon eine andere Liga. Den meisten Menschen fällt es gar nicht auf, wenn sie angelogen werden. Sie sind es so wenig gewöhnt, Ihr Umfeld wirklich zu analysieren, dass sie den Worten mehr glauben als der Gestik. Damit verpassen sie jeden Tag aufs Neue die Chance, Ihre Mitmenschen wirklich kennenzulernen und soziale Situationen klar zu durchschauen. Nur die Wenigsten sind wirklich dazu in der Lage, ihre Emotionen vor ihren Mitmenschen zu verbergen. Die meisten sind sich nicht einmal darüber im Klaren und man muss nur genau hinschauen und es fällt einem sofort auf.

Körpersprache

Nicht nur die Gesichtsmimik, sondern der ganze Körper drückt Emotionen aus. Weiten Sie Ihren Blick und lernen Sie, ihn zu lesen. Eine gute Kenntnis über die körperlichen Reaktionen hilft Ihnen nicht nur dabei, Ihre Mitmenschen treffsicher einschätzen zu können, sondern auch Ihre eigene Körpersprache zu Ihrem Nutzen einzusetzen. Dazu bedarf es selbstverständlich einer genauen Betrachtung Ihrer Mitmenschen. Eine gute Übung ist es, beim Warten auf den Bus nicht auf sein Handy, sondern lieber auf sein Umfeld zu schauen und versuchen abzuleiten, wie sich die ganzen fremden Personen gerade fühlen.

Beine und Füße

Meistens fokussieren wir uns auf den Oberkörper unseres Gegenübers, also dessen Gesicht, Arme und Hände. Doch gerade die Beinhaltung sagt eine Menge über die wahren Intentionen eines Menschen aus, immerhin sind es unsere Beine, die uns dorthin tragen, wo wir hinwollen und uns auch dabei helfen, zu fliehen, wenn wir wegwollen. Weil es kaum jemand schafft (meistens nicht einmal versucht) sie zu kontrollieren, sind die unteren Gliedmaßen die ehrlichsten Teile des menschlichen Körpers.

Wenn etwa die Füße einer Person von Ihnen weg, gen Tür oder Ausgang gerichtet sind, ist das ein klares Indiz dafür, dass Ihr Gesprächspartner der Situation entfliehen will. Unbewusst bereitet sich sein Körper bereits darauf vor, zu gehen, auch wenn vielleicht gar nicht die Möglichkeit dazu besteht. Wenn Ihnen hingegen jemand mit gekreuzten Beinen gegenübersteht, fühlt er sich ganz klar sicher und geborgen in der Situation. Diese Beinhaltung ist sehr instabil und wird nur eingenommen, wenn die Person keine unbewussten Flucht- oder Kampfreflexe hat. Verschränkte oder nach innen gedrehte Füße sind hingegen wiederum ein Zeichen von Nervosität.

Der Oberkörper

Der Oberkörper ist ein sehr sensibler Bereich, in dem alle unsere lebenswichtigen Organe liegen. Daher ist es nur logisch, dass unser Gehirn versucht, ihn mit allen Mitteln vor Gefahren zu schützen. Wenn jemand also die Arme verschränkt hält oder den Oberkörper abwendet, sucht er unbewusst Schutz, fühlt sich also nicht zu 100 % wohl in seiner Situation. Eine Person, die Ihnen ihren Torso offen entgegenstreckt, hat Vertrauen zu Ihnen und traut sich, ihre verletzliche Seite zu zeigen.

Die Arme

Positive Gefühle lassen unsere Arme tanzen und fliegen. Wilde Armbewegungen sind ganz klar ein Zeichen für ehrliche gute Laune, während angelegte Arme Wut oder Angst ausdrücken. Unruhige Hände sind ein klares Zeichen für Unsicherheit – Sie kennen es vielleicht von sich selbst, dass Sie in unsicheren Situationen damit beginnen, Ihre Hände mit irgendetwas zu beschäftigen. Eine starke Pose sind die hinter dem Rücken verschränkten Hände. Gemeinsam mit einer aufrechten Haltung und einem gereckten Kinn signalisiert sie Selbstbewusstsein, Macht und einen starken Willen. Falls Sie also mal überzeugter rüberkommen wollen, als Sie eigentlich sind, können Sie sich dieser Postur bedienen.

Weitere autoritäre Körperhaltungen sind zum Beispiel in die Hüften gestemmte Hände, bei denen die Daumen nach vorne zeigen. Diese Geste wird häufig von Menschen eingenommen, die von dem was sie sagen überzeugt sind.

Auch, wenn Sie gerne die Hände in die Hosentaschen stecken, können Sie souverän auftreten. Lassen Sie die Daumen einfach mal herausschauen und Sie werden sehen, dass Ihre Gesprächspartner Sie ernster nehmen werden. Grundsätzlich wirken versteckte Hände nämlich eher als ob man etwas verheimlichen möchte und unsicher ist.

Männer können manchmal dabei beobachtet werden, wie sie ihre Daumen in die Schlaufen ihrer Hose, oder in ihre Hostentaschen stecken und somit ihr bestes Stück „einrahmen". Diese Pose zeugt von Selbstbewusstsein und Interesse am anderen Gesprächspartner.

Das Gesicht

Die Gesichter von Anderen zu lesen, fällt uns immerhin ein wenig leichter, als die Körpersprache zu analysieren, weil wir es viel eher gewohnt sind, in Gesichter zu schauen. Ist eine Person angespannt, registriert man oft eine gespannte Kiefermuskulatur, zusammengepresste Lippen und eine faltige Stirn, oft gepaart mit zusammengekniffenen Augen. Volle Lippen, weit geöffnete Augen und eine glatte Stirn deuten auf Gegenteiliges hin. Hier fühlt sich jemand pudelwohl. Wenn dann auch noch der Kopf geneigt ist und somit der Hals zum Vorschein kommt, ist der Fall klar: Hier wird geflirtet! Diese empfindliche Stelle an unserem Körper zu entblößen zeugt nämlich von Vertrauen in den Anderen. Evolutionär sind wir eher darauf programmiert, den Hals vor jedem Unbekannten zu schützen. Nur bei sehr guten Freunden und nahen Verwandten würden wir unseren Hals zeigen. Tun wir das also in einer Kennenlernsituation, zeigen wir ganz klares Interesse an unserem Gegenüber.

Besonders die Augen lassen viele Rückschlüsse auf die Emotionen einer Person zu. Nicht umsonst bezeichnet man sie auch als „Fenster zur Seele". Selbst der geübteste Illusionist kann von Profis anhand seiner Pupillen entlarvt werden. Da hat er keine Chance, denn die Augenmuskeln können vom Gehirn gar nicht beeinflusst werden, sondern werden von einem unbewussten neuronalen System gesteuert, auf das kein Einfluss genommen werden kann. Vor allem im Dating-Kontext lohnt es sich, einen Blick in die Augen der anderen Person zu werfen. Sind die Pupillen geweitet, besteht romantisches Interesse. Sind sie hingegen außerordentlich klein, ist Ihr Gegenüber Ihnen leider eher abgeneigt – also brauchen Sie hier keine Zeit mit überflüssigem Flirten zu vergeuden. Fällt Ihnen ein überdurchschnittlich häufiges Blinzeln auf, kann es gut sein, dass Ihr Gesprächspartner gelangweilt ist.

Wie nutze ich die Körpersprache zu meinem eigenen Vorteil?

Indem Sie Ihren Auftritt mit einer passenden Gestik unterstreichen, können Sie Ihrer Argumentation sehr viel mehr Überzeugungskraft verleihen. Wenn Sie beispielsweise in einem Kundengespräch eine freundschaftliche Vertrauensbeziehung aufbauen wollen, sollten Sie eine offene und vulnerable Körperhaltung einnehmen, während Sie in anderen Situationen vielleicht selbstbewusst wirken wollen und daher eine aufrechte und starke Position einnehmen. Manchmal ist es jedoch auch von Vorteil eher hilfsbedürftig oder unsicher zu wirken, entweder weil Sie jemanden dazu bringen wollen, Ihnen zu helfen oder weil Sie Ihren Gegner in falsche Sicherheit wiegen wollen. Es kommt immer auf die jeweilige Zielsetzung an.

Fragen Sie sich vor wichtigen Situationen immer: „Was will ich erreichen? Wie kann ich mein Anliegen mit meiner Gestik unterstützen? Wie will ich rüberkommen?"

In der nachfolgenden Tabelle habe ich einige Bewegungsmuster unter die darunterliegende Emotion oder Eigenschaft zusammengefasst. Durch das Studieren der Informationen in dieser Tabelle haben Sie das Erfolgsrezept für Ihre nächste Konversation im Kopf. Lernen Sie, was Sie selbst von sich preisgeben und wie Sie das Verhalten anderer richtig interpretieren können.

Um Menschen richtig einschätzen zu können, müssen Sie vor allem auch auf Abweichungen in Ihrem Verhalten achten. Dazu müssen Sie das Normalverhalten dieser Person kennen. Wenn ein Mensch zu bestimmten Verhaltensweisen neigt und er diese auf einmal nicht mehr aufweist, sollten Sie genauer hinsehen!

Suggerierte Emotion	Passende Körpersprache
Selbstbewusst / Mächtig	Aufrechte Haltung, sicherer Stand oder zügiger Gang, ruhige Hände (evtl. hinter dem Rücken verschränkt), gezielter Blick (gern in die Augen des Gegenübers)
Vertrauensvoll	Weit geöffnete Augen, dezenter Körperkontakt zur anderen Person, offene Körperhaltung, Füße und Beine zeigen zum Gesprächspartner
Fröhlich / Glücklich	Wilde Gestik, aufgerissene Augen
Geknickt / Traurig	Gesenkter Kopf, gesenkte Augenlider, langsame Bewegungen, angelegte Arme
Hilfsbedürftig / Unsicher	Angelegte Arme, unruhige Hände, wandernder Blick

Lügner entlarven!

Manchmal ist es nur so eine Ahnung... Da stimmt doch etwas nicht! Werde ich etwa gerade angelogen? Sollte ich mein Gegenüber darauf ansprechen? Eine schwierige Situation. Niemand will jemanden zu Unrecht der Lüge beschuldigt haben, doch natürlich sollten Sie es sich auch nicht gefallen lassen, nach Strich und Faden in die Irre geführt zu werden.

Lügen zu entlarven ist eine Kunst, die nicht sehr viele Menschen beherrschen. Sogar der als menschliche Lügendetektor beschriebene FBI-Agent Joe Navarro sagt, dass er an gekonnten Lügnern häufig scheitert und diese ungestraft davonkommen, weil er ihnen nicht hinter die Schliche gekommen ist.

Schummeleien und Unwahrheiten gehören zu unserem Alltag dazu, wie Zähneputzen. Oft handelt es sich dabei „nur" um sogenannte Alltagslügen, die wenig oder gar keinen Schaden anrichten. Nicht jedes „Wie geht es dir?" muss mit brutaler Ehrlichkeit beantwortet werden und nicht jede Kritik immer ausgesprochen werden. Aber es gibt Personen, die gezielt Lügen einsetzen, um persönlichen Vorteil daraus zu ziehen, oder sogar anderen Menschen einen Nachteil zu verschaffen. Sie verschleiern die Wahrheit, um auf der Karriereleiter nach oben zu klettern, um soziale Kontakte auszunutzen oder sich in einem besseren Licht darzustellen. Notorisches Lügen ist eine extreme Form der Manipulation, von der Sie Abstand halten sollten. Es ist moralisch völlig in Ordnung, sich der Körpersprache und der Rhetorik zu bedienen, um überzeugender auf Ihre Mitmenschen zu wirken, inhaltlich sollten Sie sich jedoch selbst immer auf der korrekten Seite bewegen.

Es gibt bereits ausreichend Hochstapler auf dieser Welt. Derlei Personen und deren toxisches Verhalten sollten Sie idealerweise aus Ihrem sozialen Kreis entfernen – Sie müssen sich so etwas absolut nicht gefallen lassen. Oft ist es nicht leicht, die betrügerischen Personen zu entlarven, vor allem wenn es geübte Lügner sind. Behalten Sie einfach immer im Hinterkopf, dass lügen kein natürliches Verhalten ist!

Sehen kann man das gut an Kindern: Sie lügen unheimlich gerne, sind aber leichter zu durchschauen als Plexiglas. Selbst wenn sie es schaffen, eine halbwegs stringente Lügengeschichte zu erfinden, kann man die Nervosität und Schuldgefühle schon aus kilometerweiter Entfernung auf ihren Gesichtern sehen.

Lügen ist immer (!) mit internem Stress verbunden, da man sich hierbei auf dünnes Eis begibt und riskiert, entdeckt zu werden. Je größer und verheerender die Lüge, desto stressiger ist natürlich auch die Situation für die lügende Person. Noch schlimmer wird es für sie, wenn andere Personen damit anfangen, an ihrer kleinen Geschichte zu zweifeln und kritische Rückfragen stellen.

Wenn Sie also hinter die Fassaden blicken wollen, müssen Sie im Prinzip arbeiten, wie ein Lügendetektor: Und der macht nichts weiter, als Stresssymptome wahrzunehmen. Um diese zu provozieren, können Sie dem Gegenüber verwirrende oder extrem spezifische Fragen stellen und ihn damit in noch akuteren Stress versetzen.

Nehmen wir mal ein eher unspektakuläres Beispiel, um das Prinzip zu verdeutlichen: Sie ziehen um und bitten einen Freund um sein großes Auto. Dieser behauptet, das sei in der Werkstatt und er könne es Ihnen deshalb nicht leihen. Sie selbst vermuten aber, dass er eigentlich nur Angst um sein Auto hat und Ihrer Fahrweise nicht vertraut. Jetzt können Sie versuchen, ihn mit Fragen wie „Ach, was ist denn kaputt?", „Bei welchem Mechaniker ist es denn?", „War das nicht der mit der Werkstatt hinter dem Bahnhof?", in die Ecke zu drängen und dabei seine physischen Reaktionen zu beobachten.

Wenn er sie angelogen hat, wird er vermutlich mindestens eine der folgenden Verhaltensweisen zeigen:

Unbewusst einen Fluchtweg suchen: Hier sollten Sie wieder besonders gut auf die Körpersprache achten. Sind die Augen der Person unruhig und hektisch? Zeigen die Füße bereits Richtung Ausgang? Dann will Ihr Gegenüber der Situation entfliehen.

Schnelle Themenwechsel: Abrupte und ungewöhnliche Themenwechsel oder gar ein kompletter, abrupter Abbruch der Konversation sind ebenfalls klare Zeichen dafür, dass jemand etwas vor Ihnen verbergen will.

Das Verbergen der Hände in den Hosentaschen oder unter dem Tisch oder auch das Verbergen des Mundes durch die Hände.

Mangelnder Blickkontakt: Wenn Ihnen jemand kaum in die Augen sehen kann, ist ihm ganz klar etwas sehr unangenehm.

Typische Stresssymptome wie, unruhige Beine oder Hände, d.h. schwankender Oberkörper oder fahrige Hände, zwanghafte Lippenbewegungen, unpassende Reaktionen (Bei ernsten Themen lachen, bei spaßigen Themen sehr ernst bleiben) und betonte Lässigkeit (vorwiegend in angespannten Situationen) können vom geschulten Auge identifiziert und richtig interpretiert werden. Versuchen Sie sich also die oben genannten Verhaltensweisen einzuprägen, um sie beim nächsten Mal richtig einordnen zu können.

Auch die Sprachwahl ist ein gutes Indiz zur Lügenerkennung

Erkennen Sie an der Art und Weise wie der andere spricht, ob er ehrlich zu Ihnen ist oder nicht. Durch Techniken wie Rückfragen und eine gute Beobachtungsgabe können Sie an der Sprechweise der Person erkennen wie authentisch er ist.

- Zeit gewinnen: regelmäßiges Zögern und viele nichtssagende Floskeln werden von Lügnern gerne eingesetzt, um Zeit zu gewinnen.
- Veränderter Sprachstil: Drückt sich jemand plötzlich viel gewählter aus als sonst, möchte er sich damit hinter seiner Rhetorik verstecken. Wenn Sie wissen, wie die Person normalerweise spricht, können Sie so leicht erkennen, ob die benutzten Redewendungen wirklich authentisch sind.
- Generalität: Auf präzise Fragen werden allgemeine Antworten gegeben: „Hast du morgen Zeit?" - „Ich habe so wenig Zeit, es ist schlimm!". Da sollten bei Ihnen die Alarmglocken läuten!
- Perfektes Storytelling: Jemand, der authentisch eine Geschichte erzählt, springt auch manchmal zwischen Zeiten hin und her oder versteift sich auf unwichtige Details. Wenn Ihnen eine perfekt stringente Story aufgetischt wird, kann es gut sein, dass diese im Vorhinein sorgsam eingeübt wurde.

Insbesondere dann, wenn Sie die Person nicht so gut kennen, bedarf es manchmal ein paar weitergehender Strategien, um die Wahrheit ans Licht zu bringen. Mit den folgenden Taktiken bringen Sie jeden Lügner in eine Bredouille – wenn sich das Gesagte jedoch als wahr herausstellt, haben Sie nichts verloren, da niemand merken wird, auf welcher Mission Sie unterwegs waren.

- Die einfachste und sicherste Methode: Fragen stellen, deren Antwort Sie bereits kennen und diese dann mit der Aussage des Gegenübers abgleichen.
- Verwirrung stiften: „Wann war das noch mal?", „Was ist noch mal davor passiert?", „Kannst du das bitte wiederholen?" Mit konstanten Unterbrechungen dieser Art schleicht sich viel leichter ein Fehler oder eine Inkonsistenz in die perfekt geplante Lügengeschichte ein. Auch hilfreich: Stellen Sie Fragen zu völlig unwichtigen Randthemen, die gar nichts mit der Handlung zu tun haben, um Ihr Gegenüber aus dem Konzept zu bringen.

Nur anwenden, wenn Sie sich bereits ziemlich sicher sind, dass jemand Sie auf den Holzweg führen will: Machen Sie eine bewusste Falschaussage und schauen Sie, ob Ihr Gesprächspartner das bemerkt oder Ihnen einfach zustimmt.

Seien Sie vorsichtig mit vorschnellen Verurteilungen. Im Zweifel ist der Angeklagte immer als unschuldig zu betrachten bis Sie seine Schuld beweisen können. Wenn Sie jemanden zu Unrecht einer Lüge bezichtigen, riskieren Sie eventuell eine wertvolle Beziehung zu jemanden in dem Sie das Vertrauen der anderen Person zerstören.

Nicht einmal die geschultesten Polizisten können mit 100%iger Sicherheit sagen, ob jemand lügt oder die Wahrheit sagt. Es ist beinahe unmöglich einen eingespielten Lügner zu überführen. Sogar Lügendetektortest scheitern an notorischen Falschaussagern, denn diese sind oft so von ihren Unwahrheiten überzeugt, dass sie sie selbst glauben.

Wie Sie bekommen, was Sie wollen – die Kunst der angewandten Manipulation!

Das Wort „Manipulation" ist oft sehr negativ konnotiert und wird mental oft mit Lügnern, Scharlatanen und Opportunisten verbunden.

Dabei ist Manipulation im Grunde eine sehr gängige Überzeugungstechnik, die Tag für Tag von vielen Menschen angewandt wird. Jede Person, die Ihnen etwas verkaufen will, hat garantiert ein paar manipulative Tricks auf Lager. Auch Sie haben sicher schon mal unbewusst auf die ein oder andere Manipulationstechnik zurückgegriffen, als Sie jemanden von Ihrer eigenen Idee überzeugen wollten. Indem Sie sich die Strategien bewusst machen, können Sie nicht nur selbst das Ruder der Konversation in die Hand nehmen, sondern sich auch vor den Manipulationsversuchen anderer Personen schützen.

Als soziale Lebewesen sind wir alle ganz natürlich von anderen Menschen beeinflussbar. Ansonsten würde eine Gesellschaft überhaupt nicht funktionieren. Oft ist das sogar eher positiv als negativ. Manchmal ist es extrem hilfreich, auf die Reaktionen der Mitmenschen zu achten und darauf seine eigene Meinung zu basieren. Im Falle eines Brandes, zum Beispiel, sollten wir einfach der rennenden Masse folgen und uns in Sicherheit bringen, anstatt selbst noch einmal nachzuprüfen, ob es auch wirklich brennt. Auch im sozialen, interkulturellen Austausch profitieren wir von einem gesunden Maß an Beeinflussbarkeit. Indem wir offen für Argumente, Meinungen oder Erfahrungen von anderen Menschen sind, erweitern wir unseren Kenntnisbereich und bleiben flexibel.

Definiert wird Manipulation als „gezielte Einflussnahme auf Menschen, während der Anschein von Entscheidungsfreiheit erhalten bleibt."

Das bedeutet also, dass weder Zwang noch Druck ausgeübt wird, sondern die manipulierte Person im besten Fall sogar der Überzeugung ist, eine völlig freie Entscheidung getroffen zu haben.

EXKLUSIVER BONUS

HÖRBUCH GRATIS ERHALTEN

Das 1x1 der Manipulation

Halten Sie Ihre Handykamera einfach auf den QR Code
und kommen Sie so zu dem Gratis-Download:

QR-Code mit Kamera scannen und
GRATIS Bonus erhalten:

Wie funktioniert Manipulation?

Unser Ziel ist es also, die Entscheidungen anderer Menschen zu lenken, ohne dass diese sich dessen bewusst werden. Das scheint erst einmal ein sehr kompliziertes Vorhaben zu sein. Wie soll das gehen? Wir können schließlich nicht in die Köpfe der anderen hineinschauen. Woher sollten wir die Macht nehmen, den freien Willen anderer Menschen beeinflussen zu können?

Es stimmt, wir können nie genau wissen, was unser Gegenüber gerade denkt. Aber das müssen wir zum Glück auch gar nicht. Wer sich grundlegende psychologische Kenntnisse angeeignet hat, versteht schnell, dass das menschliche Gehirn, bei all seiner Komplexität und Genialität, in den meisten Alltagssituationen auf sehr simple Abrufschemata zurückgreift. So brillant es auch sein mag, mangelt es ihm doch manchmal an Arbeitsmoral. Kurz gesagt: Es ist faul!

Anstatt jede Situation neu zu bewerten und einen Handlungsplan zu entwerfen, erinnert es sich lieber an vergangene, ähnliche Situationen und ruft einfach die gleiche Handlung ab. Nichts liebt es mehr als Gewohnheiten und Routinen, die es sich mit den Jahren aneignet. Evolutionär gesehen, ist diese Lernfähigkeit natürlich von großem Vorteil. Das Gehirn funktioniert dadurch sehr effizient, es kann Energie sparen. Einen großen Teil unseres Alltags regeln wir mühelos, ohne uns großartige Gedanken darüber machen zu müssen, weshalb uns viel Gehirnkapazität für wichtigere oder komplexere Themen übrigbleibt. Albert Einstein hätte wohl kaum seine revolutionäre Relativitätstheorie aufstellen können, wenn er jeden Tag damit beschäftigt gewesen wäre, darüber nachzudenken, wie man noch mal Reis kocht und sich die Zähne putzt.

Viele Menschen haben gerade morgens, wenn Körper und Geist noch im Halbschlaf sind, einen recht geregelten Ablauf zum Wachwerden. Bis der erste Kaffee getrunken wurde, funktionieren sie gewissermaßen im Zombie-Modus und folgen automatisierten Routinen, die wir schlicht und einfach aus unserem Gedächtnis abrufen. Funktioniert einwandfrei – solange nichts Ungewöhnliches passiert. Diese, eigentlich sehr sinnvolle und praktische, Funktion des Gehirns hat aber auch ihre Schattenseiten.

Es existieren viele psychologische Experimente, die beweisen, dass Menschen sich viel eher auf bereits bekannte Situationsaspekte verlassen, als sich die Mühe zu machen, neue Eindrücke zu sammeln. Ein Klassiker ist das „Preisexperiment", bei dem Probanden gebeten werden, drei verschiedene Weine zu vergleichen, von denen einer sehr teuer, ein anderer mäßig teuer und der Dritte eher preisgünstig sei. Wie nicht anders zu erwarten, wurde der teuerste Wein zum Sieger gekürt, da er den Probanden anscheinend am besten schmeckte. Um zu prüfen, ob die Teilnehmer auch wirklich die Wahrheit sagen, wurde bei der Verköstigung ihr Gehirn gescannt und auf Aktivität im Geschmackszentrum geachtet. Tatsächlich konnte eine deutlich höhere Aktivität festgestellt werden, wenn die Probanden den teuren Wein tranken. Doch jetzt kommt der Clou: In Wirklichkeit probierten die Teilnehmer einfach dreimal hintereinander den exakt gleichen Wein! Allein die mentale Verknüpfung von teuer=qualitativ hat bewirkt, dass sie ein Glas Wein mehr genießen konnten als ein anderes der gleichen Flasche. Dieser Illusion sind sich Produzenten von Luxusartikeln natürlich durchaus bewusst. Sie wissen, dass ihr Produkt nicht zwingend besser sein muss als das der Konkurrenz. Ein edles Aussehen und ein hoher Preis überzeugen die meisten Menschen schon davon, dass es von besonderer Qualität sein muss. Behalten Sie diese Information gern im Hinterkopf, wenn Sie das nächste Mal im Einkaufsladen stehen. Die Werbung macht sich viele dieser Mechanismen zu Nutze, um uns von ihrem Produkt zu überzeugen. Zu Hause in unseren

Fernsehern, auf Social Media, und in den Geschäften begegnen uns Werbeangebote. Wir werden von allen Seiten mit Waren überrumpelt, die wir wahrscheinlich gar nicht brauchen. Der Minimalismus ist der größte Feind des Kapitalismus. Die Unternehmen versuche ihren Kunden so viele neue Artikel wie möglich zu verkaufen und so ihre Firma erfolgreicher zu machen.

Die „Faulheit" des menschlichen Gehirns, das sich liebend gern altbekannten Strukturen und Schemata bedient, ist einer der Hauptgründe für die Wirkstärke manipulativer Strategien. Kennen Sie die üblichen eingespielten Denkstrukturen, können Sie leicht an diesen Punkten ansetzen.

Zudem existiert aber noch ein zweiter großer Faktor, der Menschen beeinflussbar macht: der soziale Faktor. Auch wenn viele Leute sich davon distanzieren wollen, sind wir Menschen doch Herdentiere. Seit Jahrtausenden leben wir in einer Gesellschaft, und das nicht nur aus rein praktischen Gründen. Wir benötigen soziale Kontakte auch für unser Seelenwohl und mögen es, uns einer Gruppe zugehörig zu fühlen. Anders als andere Lebewesen verbringen wir ab dem Moment unserer Geburt sehr viel Zeit im Kreis unserer Familie, die uns jahrelang beibringen muss, überhaupt zu überleben. Das menschliche Gehirn ist gerade deshalb so weit fortgeschritten, weil es sich in der individuellen Entwicklung so viel Zeit nimmt. Es kann einem glatt lächerlich erscheinen, wie lange es dauert, bis aus einem Baby ein überlebensfähiges Wesen wird. Bei den meisten anderen Tieren ist dieser Prozess innerhalb von Monaten abgeschlossen, manche Tiere lassen ihren Nachwuchs sogar einfach komplett allein, so wie Schildkröten oder Fische. Obwohl ein Katzenbaby schon innerhalb von einer Woche laufen kann, wird sein Katzengehirn nie dazu in der Lage sein, abstrakt zu denken. Instinktiv lernt das Kätzchen schnell, was es wissen muss, um als Katze zu überleben: Laufen und klettern, jagen und essen, regelmäßig das Fell putzen – und all die anderen faszinierenden Verhaltensweisen dieser tollen

Tiere!

Der Mensch hingegen nimmt sich alle Zeit der Welt. Zu Anfang seines Lebens ist sein Gehirn noch extrem flexibel und daher dazu in der Lage, viel Information aufzunehmen und zu prozessieren. Diesen Luxus können wir uns nur leisten, indem wir uns in Gruppen zusammentun und eine gesellschaftliche Struktur beibehalten, indem die Älteren sich um die Jüngeren kümmern und ihnen ihr Wissen vermitteln. Wir sind auf zwischenmenschliche Interaktion angewiesen, um zu überleben. Aus einigen Studien aus russischen Waisenhäusern ging hervor, dass Kinder, denen keine körperliche und emotionale Zuwendung zugetan wird, früher sterben als Kinder, die von fürsorglichen Pflegepersonen versorgt werden. Wir brauchen also andere Menschen für unser Überleben. Menschen können Ihren Nachwuchs nicht sich selbst überlassen und kümmern sich vergleichsweise lang um ihre Nachkommen.

Unsere ersten Jahre, die für das Bilden der Gehirnstrukturen entscheidend sind, verbringen wir also in völliger Abhängigkeit von unseren Eltern und lernen, ihre Verhaltensweisen zu kopieren. Natürlich bleibt dieses Bedürfnis nach Gesellschaft, nach Geborgenheit und nach Anerkennung in unseren Köpfen erhalten. Forscher haben herausgefunden, dass der Wunsch nach sozialem Anschluss tatsächlich im Hirnstamm verankert ist, dem ältesten Teil des Gehirns, wo nur Platz für überlebenswichtige Informationen, wie Atmen, Verdauen oder verschiedene Schutzreflexe ist. Die im Hirnstamm liegenden Kenntnisse sind besonders ausschlaggebend für alle Aktionen, die wir tätigen. Daher ist es mittlerweile kein Geheimnis mehr, dass der soziale Faktor für das Verhalten jedes Individuums von höchster Bedeutung ist.

Unterstützt wird diese soziale Lernweise von sogenannten *Spiegelneuronen,* die in jedem menschlichen Organismus vorhanden sind. Diese sorgen dafür, dass wir uns (ganz ohne uns dessen bewusst zu sein) dem Verhalten anderer Menschen anpassen, indem wir es einfach nachahmen, also spiegeln. Das bekannteste Beispiel ist das Gähnen. Wenn unser Gesprächspartner anfängt zu gähnen, dann tun wir es ihm auch dann gleich, wenn wir eigentlich gar nicht müde sind. In psychologischen Studien wurde herausgefunden, dass auch die Körperhaltung, Stimmlage oder Sprechweise regelmäßig gespiegelt wird.

Das glauben Sie nicht? Probieren Sie es einfach selbst mal aus und verändern Sie im Laufe eines Gespräches die Sitzposition, indem Sie vielleicht die Beine überschlagen oder sich bequem nach hinten lehnen. Es wird nicht lange dauern, bis sich Ihr Gegenüber Ihrer neuen Position anpasst.

Spiegelneuronen sorgen nicht nur dafür, dass wir uns tendenziell unserem sozialen Kreis anpassen, sondern geben uns auch Signale in die andere Richtung. Wenn uns jemand ähnlich ist, also ähnlich spricht, sich ähnlich bewegt oder ähnlich aussieht, finden wir ihn automatisch sympathisch.

Das Verhalten unseres sozialen Kreises beeinflusst unser eigenes Verhalten enorm. Möglicherweise haben Sie selbst schon einmal bemerkt, dass Sie sich anders verhalten, wenn Sie mit Leuten zusammen sind. Wenn Sie zum Beispiel mit drei Vegetariern essen gehen, sinkt die Wahrscheinlichkeit, dass Sie sich ein Kotelett bestellen. Wenn Sie mit einer Gruppe Freunden zusammen sind, die alle viel Wein trinken, trinken Sie selbst wahrscheinlich auch etwas mehr, als wenn Sie mit Freunden ausgehen, die kaum Alkohol trinken. Wenn Sie mit einer Gruppe Sportskanonen joggen gehen, laufen Sie vermutlich automatisch auch ein kleines bisschen schneller als Sie es allein tun würden.

Dieser Effekt ist zwar bei Menschen besonders ausgeprägt, tritt aber auch bei anderen Lebewesen auf. Forscher haben sogar bei Kakerlaken feststellen können, dass sie ihr Verhalten ändern, wenn sie von anderen Kakerlaken begleitet werden. In einem kuriosen Experiment setzten Wissenschaftler Kakerlaken in ein kompliziertes Labyrinth und maßen die Zeit, die sie benötigten, um den Ausgang zu finden. Einigen Kakerlaken wurden „Zuschauer", also andere Kakerlaken, in die Ränge gesetzt. Tatsächlich wurde das Labyrinth deutlich schneller durchquert, wenn die Zuschauerkakerlaken anwesend waren.

Viele Menschen verschließen sich der Wahrheit darüber, dass sie ihre Entscheidungen in Wirklichkeit - wenn auch nur zum Teil – von anderen abhängig machen und glauben steif und fest daran, dass sie komplett unabhängige Individuen sind. Dabei ist das erstens überhaupt nicht verwerflich, sondern ganz natürlich (und wie wir gesehen haben sogar sehr nützlich) und zweitens eine wertvolle Information, die man sich zunutze machen kann. Solange wir davon ausgehen, dass jeder Mensch komplett losgelöst von der Gesellschaft seine individuellen Entscheidungen trifft, werden wir nie verstehen, wie wir jemanden beeinflussen können. Doch sobald wir verstehen, dass es Mechanismen gibt, die in allen Menschen gleich tief verankert sind, präsentiert sich uns eine Vielzahl an Möglichkeiten.

Simple Manipulationstechniken

Der Reziprozitätstrick

Wie du mir, so ich dir. Das ist eine allseits bekannte Regel, die besagt, dass wir anderen Menschen einen Gefallen erwidern sollten. Daher lautet die einfache Ableitung natürlich: Tun Sie anderen einen Gefallen, dann werden Sie bei ihm auch einen gut haben. Simpel und effektiv, doch natürlich können Sie nicht jeder Person direkt hinterherrennen und ihr helfen. Das müssen Sie auch gar nicht – es genügt, wenn Sie Menschen glauben lassen, Sie hätten ihnen einen Gefallen getan. Um das Konzept zu verdeutlichen, stellen Sie sich einmal vor, Sie würden Käse auf einem Markt verkaufen. Sie könnten einen Haufen Gratis-Käsehäppchen in die Auslage legen, damit die Passanten sie probieren können. Sie könnten aber auch eine Show draus machen und für jeden Interessierten einzeln ein Stück abschneiden, damit die Person das Gefühl hat, dass Sie für ihn eine besondere Ausnahme machen. So wird er viel geneigter sein, Ihnen mit seinem Käsekauf den Gefallen zu erwidern.

Spieglein, Spieglein

Diese Manipulationsstrategie bedient sich der Spiegelneuronen, die wir bereits kennengelernt haben. Die Methode ist besonders beliebt, um ein freundschaftliches Verhältnis aufzubauen und anderen Personen sympathisch und vertrauenswürdig zu erscheinen. Zu diesem Zwecke beobachten Sie Ihren Gesprächspartner genau. Sind seine Beine überschlagen oder geöffnet? Wie bewegt er seine Hände? Redet er langsam oder hektisch? Indem Sie sich an diese Verhaltensweisen anpassen, schaffen Sie ein vertrautes Ambiente und werden die Person garantiert leichter überzeugen können. Der altbekannte Spruch „Gleich und Gleich gesellt sich gern" kommt nicht von irgendwo her, sondern fußt auf psychologischen Prinzipien. Wir Menschen fühlen uns automatisch zu ähnlich denkenden, ähnlich handelnden oder ähnlich aussehenden Personen hingezogen.

Wer hat, der hat

Es ist für Menschen viel schwieriger, etwas zu verlieren, das sie bereits besitzen, als etwas gar nicht erst zu erhalten. Genau deshalb bleiben auch so viele Menschen nach einem „Gratis Probemonat" bei ihrem Abonnement, auch wenn sie sich vorher fest vorgenommen hatten, es nicht zu tun. Vorher hatten sie nie einen Netflix-Account vermisst, aber sobald sie einmal in seinen Genuss gekommen sind, wollen sie es nicht mehr missen. Die sogenannte Verlustaversion ist eine der tiefsten Mechanismen des menschlichen Geistes. Wir sind daran gewöhnt, zu vermehren, aufzusteigen und zu verbessern und nicht daran, zurückzustecken und uns zu verkleinern. Unser Unterbewusstsein verknüpft jedweden Verlust in gewisser Weise mit einem persönlichen Scheitern, das auf jeden Fall vermieden werden muss.

Sie können sich also darauf verlassen, dass alle Menschen sich vor dem Verlust schützen wollen, und sei er auch noch so unbedeutend. Was können Sie also tun, um diesen mentalen Reflex zu nutzen? Sie geben etwas, von dem sich die andere Person schwer trennen kann!

Wenn Ihr Angestellter sich bereits nach einem neuen Job umschaut, können Sie ihn eventuell halten, indem Sie ihm einen besonders prestigegeladenen Auftrag erteilen oder ihm eine Dauerkarte für die Tiefgarage geben.

Wenn sich ein Auftragnehmer unsicher ist, ob er Ihre Dienste in Anspruch nehmen will, bieten Sie ihm ein extrem günstiges Einstiegsangebot an – schon beim zweiten Auftrag wird er bereit sein, den regulären Preis zu zahlen.

Spiel mit dem Feuer

Wohin würden Sie Ihr Date eher mitnehmen? In ein romantisches Restaurant oder auf eine Achterbahnfahrt? Nachts ins Kino oder auf den Friedhof? Auf eine gemütliche Kutschfahrt oder eine auf eine waghalsige Off-Road Tour mit dem Jeep?

Wählen Sie immer die (scheinbar) risikoreichere Variante. Das Durchleben einer Extremsituation schüttet Adrenalin aus – ein Hormon, welches den „Liebeshormonen" Dopamin und Noradrenalin extrem ähnlich ist. Körperliche Aufregung jedweder Art versetzt uns in einen gewissen Rauschzustand, in dem wir viel anfälliger für erotische oder romantische Gefühle sind. Neben Angst gehört auch körperliche Anstrengung zu den Auslösern. In Experimenten konnte nachgewiesen werden, dass Menschen andere Menschen attraktiver und anziehender finden, wenn sie vorher einen furchterregenden Moment durchlebt hatten. Dabei müssen Sie nicht einmal den Helden spielen. Es kommt einfach nur darauf an, ebenfalls in der Situation präsent gewesen zu sein.

Sie müssen natürlich nicht direkt mit Ihrem Date Fallschirmspringen gehen. Doch Sie könnten anstatt der Komödie einen Thriller vorschlagen, statt dem Strandspaziergang eine Klettertour, statt dem Tretbootfahren einen Rafting-Ausflug. Sie verstehen das Prinzip!

Es wird knapp

Sobald eine Ressource begrenzt ist, wird sie automatisch beliebter. Das Gleiche gilt auch für Angebote. Oder haben Sie noch nie gerade dann zugegriffen, sobald Ihnen der Verkäufer erklärt hat, dass nur noch ein Exemplar vorhanden ist? Mit dieser Strategie bedienen wir uns den Normen des sozialen Lernens. Wenn suggeriert wird, dass das Produkt bei anderen Menschen beliebt war und daher viel gekauft wurde, haben wir plötzlich Angst etwas zu verpassen und wollen auf den Zug aufspringen. Nicht nur im Verkauf können Sie diese Information nutzen, sondern auch sich selbst können Sie ein wenig „rarmachen". Jemand, der wenig Zeit zu haben scheint, wirkt automatisch interessanter und beliebter.

Die Qual der Wahl

Mit der Art und Weise, wie Sie eine Frage stellen, können Sie bereits die Antwort darauf beeinflussen. Oft werden Fragen eher vage und unkonkret gestellt, weil unsichere Menschen ihren Mitmenschen viel Freiraum lassen wollen. Doch wenn Sie statt „Wollen wir heute Abend essen gehen?" einfach „Wohin wollen wir heute Abend essen gehen? Zum Italiener oder zum Chinesen?" sagen und damit voraussetzen, dass heute Abend ausgegangen wird, werden die wenigsten Menschen überhaupt bemerken, dass Zuhause essen auch eine Option wäre. Noch spezifischer können Sie werden, indem Sie Ihre eigene Präferenz als Letztes erwähnen. Menschen tendieren dazu, die zuletzt genannte Option als die beste einzuschätzen. Wenn Sie also etwa Burger essen wollen, fragen Sie „Was möchtest du lieber? Pizza, Sushi oder Burger?"

Lass mich dir helfen

Wie kann man sichergehen, dass eine andere Person einen selbst sympathisch findet? Die meisten Leute wählen den Weg der Geschenke, der kleinen Gefallen und der Komplimente. Alles keine schlechten Ideen, aber noch lange nicht so wirksam wie die folgende:

Anstatt anderen einen Gefallen zu machen, bitten Sie lieber selbst um eine Kleinigkeit. Klingt absurd, ich weiß. Doch sobald eine Person etwas für Sie macht, wie etwa einen Kaffee aus der Büroküche mitbringen oder Ihnen eine Bahnverbindung heraussuchen, entsteht in ihrem Gehirn eine neue Verknüpfung. Dem Gehirn fällt auf, dass es gerade etwas für jemand anderen tut und kommt daher zu der einzig logischen Schlussfolgerung: Diese Person muss uns sympathisch sein, sonst würden wir ihr ja nicht gerade einen Gefallen tun. Außerdem begibt sich jemand, der um etwas bittet, immer in eine verletzliche und „schwache" Position. Leider ist es selten, dass wir gegenüber anderen Menschen diese Seite zeigen, denn gerade unsere Verletzlichkeit kann uns sehr beliebt machen. Dekonstruieren wir den manifestierten Glauben, immer stark und unabhängig sein zu müssen, dann merken wir, dass wir umgeben sind von sozialen Wesen, die anderen Leuten gern helfen.

Ich gebe zu, dass diese Taktik etwas schwer nachzuvollziehen ist. Sie baut auf sehr internen, unbewussten Denkmustern auf, die die meisten Menschen gar nicht kennen. Doch probieren Sie es einfach mal aus!

Fuß-in-der-Tür

Sie wollen jemand anderes um einen riesigen Gefallen bitten. So riesig, dass die Chancen hoch sind, dass er ablehnt. Was also tun?

Beginnen Sie damit, um etwas Kleines zu bitten. Nehmen wir einmal an, Sie wollen einen Freund überreden, Ihnen beim Umzug zu helfen. Wenn Sie direkt mit der Tür ins Haus fallen und ihn darum bitten, seinen kompletten Samstag mit Schleppen zu verbringen, kann es sein, dass er ablehnt. Daher fangen Sie lieber mit einer ganz kleinen, unscheinbaren Bitte an. Sie könnten ihn fragen, ob er ein günstiges Möbelhaus kennt oder um Rat bei der Wahl einer Couch bitten. Dem wird er natürlich problemlos nachgehen. Jetzt, da Sie den Fuß in der Tür haben, ist die Gelegenheit gekommen und Sie können ihn um seine Mithilfe beim Umzug bitten.

Diese Technik funktioniert deshalb, weil Menschen ein inneres Bedürfnis nach eigener Konsistenz haben. Das bedeutet, dass sie immer danach streben, sich möglichst logisch zu verhalten. Und für das Gehirn ist es nun mal logisch, Schritte „bis zum Ende" zu gehen. Wenn es also bereits Aufmerksamkeit und Zeit in eine andere Person investiert hat, ist es nur konsequent dieser anderen Person weiterhin zu helfen.

Tür-ins-Gesicht

Wie der Name schon sagt, ist diese Technik genau das Gegenteil der Fuß-in-der-Tür-Technik. Während erstere hauptsächlich bei Freunden, Bekannten oder Nachbarn hilft, wird die zweite eher im Businesskontext angewandt. Auch hier geht es darum, dass Sie jemanden dazu bringen wollen, etwas für Sie zu tun. Sie könnten beispielsweise wollen, dass Ihr Kollege eine Schicht von Ihnen übernimmt. Doch Sie übertreiben einfach ein wenig und bitten ihn darum, die ganze nächste Woche für Sie einzuspringen. Vermutlich perplex wird er ablehnen, was aber dennoch leichte Schuldgefühle in ihm auslösen wird. „Kein Problem", erwidern Sie gnädig, „aber könntest du vielleicht nur die Schicht am Montag übernehmen? Das würde mir auch schon helfen!" Dankbar dafür, dass Sie so leicht nachgegeben haben, wird Ihr Kollege jetzt vermutlich gerne zusagen. Auch im Verkauf kann diese Technik angewandt werden, indem Sie einfach zuerst mit sehr hohen Preisen um sich werfen und diese dann radikal senken. Natürlich funktioniert das auch umgekehrt: Nennen Sie als Käufer einen Preis, der weit unter dem liegt, was Sie zu bezahlen bereit wären, und korrigieren Sie ihn erst dann nach oben.

RHETORISCHE MANIPULATION

Die Art und Weise, wie wir unsere Gedanken in Worte fassen, ist von höchster Wichtigkeit. Tatsächlich ist es wichtiger, WIE wir etwas sagen, als WAS wir wirklich sagen. Große Revolutionsführer oder Politiker haben allesamt eins gemein: Sie sind hervorragende Redner. Sie wissen ihre Rhetorik gezielt einzusetzen, um die Massen von ihrer Meinung zu überzeugen. Wir sollten daher, im wahrsten Sinne des Wortes, auf unsere Wortwahl achten.

Wiederholung

Wir alle kennen die legendäre „I have a dream"-Phrase aus der berühmten Rede zum Civil Rights Act in den USA von Martin Luther King. Dabei kennen vermutlich die wenigsten die komplette Rede, doch die konstante Wiederholung dieser Phrase hat sich über Generationen hinweg in die Gehirne der Menschen eingebrannt. Repetition ist eines der wichtigsten Manipulationsinstrumente. Vor allem in der Werbung wird dieses Konzept geradezu ausgeschlachtet. Firmen wissen um den Wiederholungseffekt und versuchen, uns immer und immer wieder mit den gleichen Spots und Slogans zu beschallen. Wenn das nicht funktionieren würde, würden sie wohl kaum so viel Geld dafür ausgeben. Forscher haben in der Tat herausgefunden, dass wir Fakten, die wir häufiger hören, eher für wahr halten. Sie vermuten, dass ein Gewöhnungseffekt eintritt. Wenn Sie also überzeugen wollen, scheuen Sie nicht davor, sich zu wiederholen. Entweder können Sie an entscheidenden Stellen die Satzstruktur beibehalten und somit Ihr Argument unterstreichen („Das neue Design ist praktisch! Das neue Design ist sexy! Das neue Design ist aufregend!") oder die gleichen Fakten neu verpackt wiederholen, etwa so: „Die Zahlen zeigen einen dramatischen Einbruch seit Anfang April.", „Da seit dem Frühling die Zahlen in den

Keller gehen, schlage ich vor...", oder: „Wie zuvor erwähnt, kam der Wendepunkt im April.")

Allgemeingültigkeit

Vergleichen Sie einmal diese beiden Aussagen:

„Man muss sein Auto gut versichern."

„Sie müssen Ihr Auto gut versichern."

Der erste Satz bezieht sich auf die Allgemeinheit und stellt die generelle Regel auf, dass Autos gut versichert sein müssen. Er impliziert, dass es keine andere Möglichkeit gäbe, als sein Auto bestmöglich zu versichern. Der zweite Satz gibt Ihnen die direkte Aufforderung, dass Sie Ihr Auto gut versichern müssen. Da könnten Sie natürlich leicht skeptisch werden. Warum sollten Sie Ihr Auto so teuer versichern müssen?

Indem der erste Satz eine allgemeingültige Aussage trifft, lassen wir uns von ihm viel leichter beeinflussen. Als bekanntlich soziale Wesen spüren wir automatisch einen Druck, es der großen Masse gleichzutun.

Indem Sie nicht aus Ihrer eigenen Person heraus argumentieren, sondern sich auf die Allgemeinheit beziehen, können Sie auch wunderbar Aussagen treffen, hinter denen Sie nicht zu 100 % stehen, jedoch ohne zu lügen:

„Was würden Sie an meiner Stelle tun?"

„Es ist immer wichtig, Stabilität im Leben zu haben."

Steuerung der Gedanken

„Sie fühlen sich leer und ausgebrannt."

„Natürlich haben Sie Angst davor, Ihr Haus unbewacht zu lassen, wenn Sie in den Urlaub fahren."

„Sie möchten bestimmt mehr über die neuen Angebote wissen."

Bei all diesen Sätzen wird einfach ein bestimmtes Gefühl des Hörers vorausgesetzt. Vielleicht hat die Person noch nie wirklich darüber nachgedacht, ob sie Angst um ihr Haus hat, doch jetzt, da es ihr so präsentiert wird, fühlt sie diese Angst tatsächlich und merkt nicht, dass sie nicht aus ihr selbst stammt, sondern ihr in den Kopf gesetzt worden ist. Wie Sie bereits wissen, lieben wir Menschen Logik und Konsistenz. Wir lieben es so sehr, dass wir es kaum aushalten, wenn etwas nicht logisch ist. Wenn also etwas nicht passt, wird es einfach passend gemacht. Wenn jemand sagt, dass ich gerne mehr über die neuen Angebote wissen will, dann wird das schon stimmen. Warum hätte er das sonst so gesagt, nicht wahr?

Der einzige Ausweg

Für jedes Problem gibt es eine Lösung. Wenn Sie Rückenschmerzen haben, gehen Sie zur Massage. Wenn Ihr Auto kaputt ist, bringen Sie es in die Werkstatt, in die Sie immer gehen. Wenn Sie Kopfschmerzen haben, nehmen Sie ein Aspirin.

Aber gibt es wirklich nur eine Lösung für jedes Problem? Natürlich nicht! In Wirklichkeit können Sie Rückenschmerzen auch mit einer Wärmetherapie oder Gymnastik lindern oder Ihr Auto in eine andere Werkstatt bringen oder anstatt eines Aspirins frische Luft schnappen.

Doch oft denken Sie gar nicht daran, sondern wählen einfach den altbekannten Weg. Da sind Sie natürlich nicht der Einzige. Unser faules Gehirn liebt ja bekanntlich einfache Lösungen. Das können Sie sich manipulativ zunutze machen. Dazu müssen Sie nur Ihre Lösung als einzige Lösung präsentieren.

„Wenn das nächste Mal der Motor stottert, kommen Sie direkt zu mir."

„Bei Hautproblemen hilft nur diese bestimmte Creme."

„Wir haben nur eine Chance, unser Unternehmen zu retten und daher müssen wir an die Börse gehen."

Intelligente Sprache

Den Anschein von intellektueller Überlegenheit zu wahren, ist fast immer von Vorteil. In unserer modernen Gesellschaft zählt Intelligenz mehr als Muskelkraft und „der Stärkere" zu sein bedeutet mittlerweile eigentlich „der Klügere" zu sein. Eine gehobene Sprache mit einem komplexen Satzbau und gespickt mit Fremdwörtern, lässt Sie direkt in einem ganz neuen Licht erscheinen. So gewinnen Sie Respekt und wahren einen intellektuellen Schein. Außerdem ist es wahrscheinlich, dass sich einige Gesprächspartner durch Bildungssprache verwirren und einschüchtern lassen.

Anstatt „Die wesentlichen Punkte Ihrer Präsentation leuchten mir zwar ein, ich frage mich aber, ob nicht ein Großteil davon für unser Projekt unwichtig ist." zu sagen, könnten Sie sich auch so ausdrücken: „Die essenziellen Punkte Ihrer Präsentation sind zwar evident, doch ist der Großteil davon nicht irrelevant für unser Projekt?"

Dem zweiten Satz werden viel mehr Leute zustimmen als dem ersten.

Auto-Manipulation – Tricksen Sie sich selbst aus!

Nicht nur andere Menschen, auch sich selbst können Sie manipulieren! Jetzt könnten Sie sich natürlich fragen, wozu das gut sein soll, Sie sind ja bereits Ihr eigener Herr. Oder etwa nicht? In Wirklichkeit schafft es das menschliche Gehirn sogar, sich selbst zu belügen und auszutricksen. Viel zu oft bleibt es in negativen Gedankenspiralen hängen, die unser Selbstbewusstsein und Selbstvertrauen senken. Und das bringt uns im Leben natürlich überhaupt nicht weiter!

Warum nicht mal ein wenig sein eigenes Gehirn konditionieren, um positiver zu denken und die Welt in einem strahlenden Licht zu sehen? Sie werden sehen, wie viel einfacher das Leben ist, wenn Sie sich nicht von angelernten negativen Schemata aufhalten lassen.

Dankbarkeit

Beginnen wir mit einer kleinen Dankbarkeitslektion. Abgesehen von den überzeugten Kirchengängern unter Ihnen, gibt es wohl wenige Leser, die sich regelmäßig bei Ihrem Leben bedanken. Es hat sich ja schließlich auch noch nie bei Ihnen dafür bedankt, warum sollten Sie also Danke sagen? Die pessimistische Haltung wäre nun Sarkasmus: Das Leben hat Ihnen nie etwas geschenkt und hat die Dankbarkeit nicht verdient. Doch Sie und ich wissen beide genau, dass das so nicht stimmt. Überlegen Sie sich einmal spontan drei Dinge, für die Sie heute dankbar sein können. Das können ganz banale Dinge sein, wie ein gutes Essen oder ein gemütliches Bett. Vielleicht sogar nur ein Dach über dem Kopf oder die körperliche Gesundheit. Vielleicht hat Ihnen heute ein Fremder zugelächelt – ganz egal! Sie dürfen frei wählen.

Wie geht es Ihnen jetzt? Sind Sie schon ein wenig sanftmütiger, einen kleinen Hauch fröhlicher? Denken Sie in Zukunft regelmäßiger darüber nach. Dankbarkeit und Lebensfreude sind im Allgemeinen eng verknüpft und bedingen einander teilweise. Wer sich regelmäßig vor Augen führt, was er hat, wird nicht so viel Zeit damit verschwenden zu überlegen, was er nicht hat.

Komplimente

Machen Sie sich täglich ein Kompliment, wie zum Beispiel: Meine Haare liegen heute gut. Ich bin heute pünktlich aus dem Bett gekommen. Meine Jacke passt gut zu meiner Hose. Ich war heute im Stau sehr gelassen. Vielleicht wird Ihnen auch von einer anderen Person ein Kompliment gemacht.

Ganz egal, ob es eine Leistung, ein optisches Detail oder eine Charaktereigenschaft ist: Suchen Sie danach, dann werden Sie auch eines finden.

Lachen, lachen, lachen

Warum war als Kind eigentlich das Leben so viel schöner? Vielleicht weil Kinder im Durchschnitt 400 Mal am Tag lachen – und Erwachsene nur circa 15 Mal. Sie können ja einmal selbst darauf achten und nachzählen. Das abnehmende Gelächter ist nicht nur schade, weil Lachen sehr viel Spaß macht, sondern auch nicht gerade einem positiven Mindset zuträglich. Die gute Nachricht ist: Auch das Lachen kann man forcieren. Sie müssen nur morgens ein paar Minuten lang das Gesicht zu einer grinsenden Grimasse verziehen (Bitte tun Sie das allein und nicht in der Öffentlichkeit, denn das sieht zugegebenermaßen meistens wirklich gruselig aus) und sie werden den Tag über schon geneigter sein zu lachen. Zwingen Sie ebenfalls sich immer häufiger zu einem Lächeln. Auf der Straße, beim Bäcker, allein zu Hause – Je häufiger Sie lächeln, desto natürlicher fühlt es sich für Ihren Körper an. Es gibt mittlerweile sogar schon Kurse wie Lach-Yoga, in denen die Teilnehmer dazu aufgefordert werden, so lange ein künstliches Lachen zu forcieren, bis es sich schließlich in ein echtes Lachen verwandelt, weil die durchschlagende Wirkung eines Lachens so eindeutig ist.

Vergleiche stoppen

In Nachbars Garten ist das Gras immer am grünsten, nicht wahr? Viel zu viel Zeit wird damit verbracht, sich mit seinen Mitmenschen zu vergleichen. Dabei ist fast nichts weniger zielführend. Irgendwer auf dieser Welt ist immer schöner als Sie, irgendwer hat ein schöneres Haus und irgendwer ist erfolgreicher. Soziale Netzwerke wie Facebook, Instagram oder Twitter befeuern diese Gefühle des Neides nur. Aufwendig fotografiert und übertrieben beschrieben stellen die Mitglieder ihr Leben dort meistens als wahnsinnig aufregend und unvergleichlich amüsant dar. Alle zeigen sich nur von ihrer Schokoladenseite. Natürlich macht es einen nicht gerade zufriedener, wenn man zur Arbeit muss und im Internet nur Fotos von „Freunden" sieht, die auf Bali am Strand liegen, in Barcelona die Nächte durchtanzen oder in Australien mit Delfinen schwimmen. Dabei wird nie erwähnt (und daher auch von den Betrachtern leicht vergessen), wie sie am Strand von Mücken zerstochen wurden und das asiatische Essen nicht vertragen haben, wie ihnen in Barcelona das Portemonnaie gestohlen wurde und der Kater am nächsten Morgen ihnen den ganzen nächsten Tag versaut hat oder wie furchtbar kalt es im Wasser mit den Delfinen war. Der erste praktische Schritt, um sich von herunterziehenden Vergleichen zu befreien ist also: Soziale Netzwerke löschen oder wenigstens möglichst selten besuchen. Nicht nur wird es Ihnen guttun, nicht mehr zu wissen, was Ihre Bekannten alles Traumhaftes erleben, sondern es ist auch eine Befreiung, nichts mehr aus seinem eigenen Leben hochzuladen. Allzu leicht verfällt man in eine Sucht danach, alle halbwegs amüsanten oder schönen Momente fotografisch festzuhalten und mit der Welt zu teilen. Dabei vergisst man dann, die Momente im Hier und Jetzt wirklich zu genießen.

Fast nie vergleichen wir uns mit denen, die es schlechter haben als wir. Dabei gibt es auch von denen eine ganze Menge. Beobachten Sie aktiv Ihre Gedanken. Wenn Sie merken, dass Neid auf andere aufkommt, sollten Sie dem direkt entgegenwirken. Anstatt gierig zu neiden und sich selbst schlecht zu fühlen, könnten Sie der anderen Person ihren Erfolg von ganzem Herzen gönnen. Um diese Fähigkeit zu lernen, können Sie es hin und wieder mit einer kleinen Übung versuchen: Denken Sie an die Person, die Sie zuletzt gesehen haben. Das kann ein Freund oder eine Freundin, ein völlig Unbekannter oder auch eine Person sein, die Sie nicht besonders mögen. Nehmen Sie sich eine Minute Zeit, um dieser Person von ganzem Herzen alles Gute für ihr weiteres Leben zu wünschen. Das müssen Sie nicht laut aussprechen, es reicht schon es zu denken. Wenn es Ihnen schwerfällt, können Sie anfangs auch an Kinder denken. Viele Menschen nehmen Kinder als unschuldiger und reiner wahr, weshalb sie ihnen mehr gönnen. Denken Sie kurz an den Sohn Ihrer Arbeitskollegin und wünschen Sie ihm ein langes, erfolgreiches und schönes Leben.

Die kleinen Dinge des Lebens genießen

Fast alle Studien, Experimente und Lebensweisheiten besagen eines: Glück hat nichts mit Besitz zu tun. Die Prinzessin mit ihrem eigenen Rosengarten wird diesen nie so sehr wertschätzen können, wie das Straßenkind nur eine einzige Rose. Das Wahrnehmen und Genießen der kleinsten Lebensfreuden schärft auch die optimistische Wahrnehmung. Logisch eigentlich, denn wer zufrieden einen Schmetterling beobachtet, hat gar keine Kapazitäten, sich über den verspäteten Bus zu ärgern. Gehen Sie also aktiv auf die Suche. Schauen Sie im Bus aus dem Fenster anstatt auf Ihr Smartphone. Vielleicht sehen Sie eine schöne Wolke, ein lachendes Kind oder eine freundliche Gruppe Senioren. All das kann einem ein Lächeln auf die Lippen zaubern. Zusätzlich können Sie auch daran mitarbeiten, normale und unspektakuläre Begebenheiten besonders zu machen und genussvoller zu erleben. Ein Abend allein zu Hause muss nicht mit einer Fertigpizza und Netflix verbracht werden, sondern kann auch ganz in Ruhe zelebriert werden. Ein kleines Glas Wein und eine ausgiebige Koch-Session mit guter Musik? Ein Bad bei Kerzenlicht? Eine Kanne Tee und ein gutes Buch? Nehmen Sie sich Zeit für sich!

Ruheoasen finden

Es ist immer hilfreich, wenn man eine aktive Tätigkeit hat, der man nachgehen kann, um den Geist einmal abzuschalten. Stricken, Klavier spielen, Malen, Vögel beobachten – Die Möglichkeiten sind unendlich. Lassen Sie sich eines gesagt sein: Es ist nie zu spät, etwas Neues zu lernen. Wollten Sie vielleicht immer schon ein Instrument spielen können? Fangen Sie sofort damit an! Mithilfe des Internets und ein bisschen Disziplin können Sie heutzutage auch ohne teure Musikstunden schon ein ansehnliches Level erreichen. Sie werden zwar vermutlich kein Starpianist mehr werden, doch hierbei kommt es ja sowieso nur auf den Spaß an. Vielleicht haben Sie auch ein Hobby aus Kindertagen, das Sie gern wieder aufleben lassen möchten. Geben Sie sich einen Ruck und warten Sie nicht länger.

Selbstsicher in allen Situationen – Notfalltipps für brenzlige Lagen

Jeder von uns ist manchmal Situationen ausgesetzt, in denen wir plötzlich unsicher, nervös oder aufgeregt sind. In solchen Momenten setzt unser Gehirn kurz aus und all unser Wissen, unser logisches Denken und unser Selbstbewusstsein verabschieden sich. Natürlich ist es gerade dann besonders schwierig, bei seinem Gesprächspartner die Oberhand zu behalten. Sobald wir uns von unserer Nervosität paralysieren lassen, sind wir extrem anfällig für die Manipulationsversuche anderer und lassen uns leichter über den Tisch ziehen. Genau das Gegenteil von dem, was wir wollen! Um auch in schwierigen Situationen Herr der Lage zu bleiben, können Ihnen akute Notfallstrategien helfen, die Ihre Nervosität beruhigen.

Klassische Horrorszenarien vieler Menschen: Präsentationen, Reden, Ansagen vor einer Gruppe. Die Nervosität macht sich durch schwitzige Hände, Bauchschmerzen oder Schnappatmung bemerkbar. Wer sich in so einen Zustand reinsteigert, wird keine souveräne Performance abliefern können. Im schlimmsten Fall wird er sich verhaspeln, knallrot werden oder nur schüchtern vor sich hin flüstern. Dabei ist erwiesenermaßen die Art eines Vortrages viel wichtiger als der Inhalt selbst. Menschen achten mehr auf die Sprechweise und Überzeugungskraft von anderen als auf das, was wirklich gesagt wird. Die meisten Menschen behaupten zwar von sich selbst, objektiv zu sein und Dinge nach ihrem Inhalt beurteilen zu können, doch das ist weit gefehlt. Psychologische Studien behaupten sogar, dass über 80 % der Bewertung einer Aussage auf Körpersprache und Mimik zurückgehen. Warum würde sonst der selbstbewusste, eigentlich inkompetente Mitarbeiter schneller die Karriereleiter hochsteigen als der pflichtbewusste, clevere, aber zurückhaltende Kollege? Im Unterbewusstsein von Menschen laufen die Bewertung und Kategorisierung von Menschen in Sekundenbruchteilen ab. Viel zu schnell, als dass Fakten dort eine Rolle spielen könnten.

Kommen wir also nun zu der besagten Beispielsituation. Sie haben die ganze Nacht an Ihrer Präsentation gearbeitet und stehen jetzt mit zitternden Händen vor dem Büro, mit dem Wunsch sich zu verkriechen oder einen Flieger auf die andere Seite des Planeten zu nehmen. Die körperlichen Reaktionen, die ich eben angesprochen habe (Zittern, hektisches Atmen, hoher Puls usw.), verstärken die Nervosität in der Regel nur. Ein Teufelskreis? Nicht, wenn man ihn von hinten aufrollt! Mentaler Stress und Nervosität verursachen ganz klare physische Reaktionen. Das heißt aber, dass wir mit der Regulierung dieser Reaktionen auch einen beruhigenden Einfluss auf unseren Geist haben können. Daher setzen wir genau bei diesen an. Wir spielen unserem Körper gewissermaßen einen Streich. Indem Sie so tun, als wären Sie gelassen, beruhigt sich der Körper und sendet dieses Signal an das Gehirn: „Wir können gar nicht nervös sein, der Puls geht ja ganz normal."

Wie können Sie sich also in stressigen Situationen regulieren und cool bleiben? Die folgenden Tricks können Ihnen bei Vorträgen, Verhandlungen oder generell im Arbeitsleben weiterhelfen.

Lächeln

Ich weiß, Sie fühlen sich gerade absolut nicht so, aber stellen Sie sich mal vor den Spiegel und erzwingen Sie ein Lächeln für mindestens 10 Sekunden. Der Körper verbindet die Kontraktion dieser Kiefermuskeln mit Freude und wird dementsprechend euphorische Signale an das Gehirn senden. Ein kleines Freudentänzchen ist natürlich auch immer gern gesehen! Wichtig ist, dass Sie sich selbst Freude, Freude, Freude einreden.

Die richtige Atmung: Was macht man mit Menschen, die hyperventilieren? Richtig, man lässt sie in eine Tüte atmen, kappt also die Sauerstoffzufuhr und zwingt sie dadurch, ruhiger und langsamer zu atmen. Auch wenn es bei Ihnen hoffentlich noch nicht so weit ist, werden auch Sie bestimmt bemerken, dass Ihre Atmung mit steigender Nervosität flacher und schneller wird. Nehmen Sie sich daher ein bis zwei Minuten Zeit, um aktiv in den Bauch zu atmen. Atmen Sie langsam durch die Nase ein und ebenso langsam durch den Mund wieder ein. Versuchen Sie dabei aktiv zu spüren, wie der Atem durch die Nasenflügel in die Lungenflügel strömt und der Bauch sich leicht wölbt. Folgen Sie dem Luftstrom, bis er ganz unten beim Bauchnabel ankommt. Bereits wenige bewusste Atemzüge reichen aus, um sich deutlich entspannter zu fühlen.

Die richtige Haltung

Schultern zurück, Rücken gerade und die Hände entspannt. Eine klassische Siegerpose, mit der Sie nicht nur dem Gegenüber, sondern auch sich selbst signalisieren: Ich bin mir meiner Sache sicher! Üben Sie das ruhig vor dem Spiegel zu Hause.

- Ablenken: Anstatt Ihre Gedanken immer und immer wieder um das gleiche Thema kreisen zu lassen, denken Sie aktiv an etwas anderes. Dazu müssen Sie nicht gleich meditieren, sondern können auch einfach einen kleinen Small Talk mit der Bäckerin anfangen oder versuchen, sich an etwas Schönes zu erinnern.
- Bodenhaftung: Nervöse Leute neigen zu einer unruhigen Körpersprache. Viele wollen ständig ihre Hände mit etwas beschäftigen (Bei mir ein Klassiker: Etiketten von Bierflaschen abfummeln, wenn ich auf einer Party niemanden kenne. Vielleicht haben Sie auch so einen kleinen Tick?) oder wackeln ständig von einem Fuß auf den anderen. Das macht Sie selbst nur noch nervöser und Sie außerdem zu einem offenen Buch für Ihr Gegenüber, der nun sicher weiß, wie Sie sich fühlen. Also: Ruhe

bewahren. Ein fester Stand und ruhige Hände sind ein Zeichen von Selbstsicherheit.

- Schau mir in die Augen, Kleines: Vielen fällt es nicht leicht dem Gegenüber in die Augen zu schauen. Machen Sie sich ein kleines Spiel daraus: Wenn Sie jemanden kennenlernen, versuchen Sie immer seine oder ihre Augenfarbe herauszufinden. So blicken Sie automatisch ein paar Sekunden lang hinein und suggerieren so höheres Interesse und Selbstbewusstsein. Es ist außerdem erwiesen, dass Leute sich anderen Leuten, die ihnen in die Augen schauen, sehr schlecht abwenden können. Der Blickkontakt wirkt wie eine Fesselung, aus der sich Ihr Gegenüber nur schwer lösen können wird.

Special: Schlagfertigkeit

Ab und zu kommt es vor, dass man doch einmal mit einem Fremden aneinandergerät. Es gibt eine Uneinigkeit, irgendjemand lässt einen blöden, herablassenden oder beleidigenden Spruch fallen – wie reagieren Sie? Sie wollen Ihr Gesicht wahren, aber gleichzeitig dem Impuls folgen, sich zu wehren. Das ist oft gar nicht so leicht. Wie oft fällt einem schon in so einer Situation direkt der richtige Spruch ein? Schlagfertige Antworten erreichen das Gehirn oft erst auf dem Heimweg oder nachts im Bett: „Ach, hätte ich doch das gesagt!".

Da hilft nur: Gekonnt kontern! Auch wenn Sie nicht zu den Personen gehören, die immer eine fixe Antwort parat haben, können Sie mit ein paar Tricks lernen, schlagfertiger zu reagieren. Schluss mit Sprachlosigkeit oder halb garen Gegenschlägen. Bleiben Sie souverän und behalten Sie die Oberhand. Dies schaffen Sie nur, wenn Sie sich nicht auf das Niveau des „Angreifers" hinablassen. Das wirkt nicht nur deeskalierend, sondern hilft Ihnen auch dabei, die stärkere Position zu bewahren. Zickenkriege oder Macho-Gehabe kommen bei niemandem gut an. Viel mehr Stärke beweist man mit Gelassenheit, Freundlichkeit und Ruhe. Um schlagfertig zu reagieren, müssen Sie weder besonders kreativ noch besonders spontan sein. Mit den folgenden Hilfestellungen sind Sie bereits vor den meisten bösen Überraschungen sicher.

Zustimmen

Der erste Reflex auf eine beleidigende Aussage ist Verteidigung. Man geht in die Defensive und will aller Welt klarmachen: Das, was der Mensch hier behauptet, stimmt in der Form gar nicht! Das ist jedoch genau, was Ihr Gegenüber erwartet. Versuchen Sie es einmal andersherum – Stimmen Sie den Seitenhieben einfach mal zu.

Entweder entlarven Sie dabei die Absurdität der Aussage (Beispiel 1) oder Sie beweisen Mut zur Ehrlichkeit und zeigen allen, dass Sie über sich selbst lachen können (Beispiel 2).

Beispiel 1:

„Sie sind viel zu alt, um noch einmal mit dem Studieren anzufangen."

„Sie haben völlig recht, mit meinem Alzheimer finde ich ja nicht einmal die Vorlesungssäle. Moment mal, kenne ich Sie?"

Beispiel 2:

„An deiner Wampe sieht man, wie gern du Würstchen magst."

„Nun, was soll ich machen? Mein ideales Körperbild ähnelt eben einer fetten Weißwurst. Ich arbeite gezielt darauf hin."

Dolmetschen

Gerade, wenn Ihr Gesprächspartner metaphorisch über Sie herzieht, können Sie genau den gleichen Trick für sich selbst nutzen. Etwas rhetorische Originalität ist hier gefragt – Übersetzen Sie die Beleidigung in ein Kompliment und warten Sie ab, wie Ihr Gegenüber reagiert. Ein amüsantes Filmbeispiel entspringt dem Film „Fluch der Karibik". Dem Filmhelden Kapitän Jack Sparrow wird gesagt: „Sie sind wirklich der schlechteste Pirat, von dem ich je gehört habe." Worauf er ganz entspannt erwidert: „ABER Sie haben von mir gehört."

Beispiel:

„Du bist echt eine Pfeife!"

„Klaro, ich gebe immer die wichtigsten Signale."

Absurdität

Gehen Sie auf den Spruch des Gesprächspartners ein...indem Sie eben nicht darauf eingehen. Stiften Sie ein wenig Verwirrung und bevor sich der andere einen Reim darauf gemacht hat, reden Sie längst über etwas anderes. Auch er will schließlich nicht dumm dastehen und sein eigenes Unverständnis zeigen. Sie könnten beispielsweise versuchen, sich eines alten Sprichworts zu bedienen.

Beispiel:

„Wie wäre es mit: Erst denken und dann reden?"

„Wie sagt man noch gleich? Zwei Nasen können nicht demselben Körper dienen."

„Der Doppelgänger"

Inspiriert von dem Film „Der Doppelgänger" mit Dieter Hallervorden, gebe ich Ihnen noch drei Sätze an die Hand, die nie verkehrt sein können. Ohne große Anstrengungen sind Sie damit erst einmal aus dem Schneider.

„Ich benötige mehr Details."

„Ich freue mich, dass Sie mir Ihre Meinung mitgeteilt haben."

„Schicken Sie mir eine E-Mail, ich kümmere mich darum."

Schlusswort

Ich hoffe, Sie fühlen sich jetzt bereits besser gewappnet und können Verhandlungen, Präsentationen, soziale Situationen etc. leichter meistern. Wie Sie sicherlich gemerkt haben, hat emotionale Intelligenz und soziale Stärke ausgesprochen viel mit Ihnen selbst zu tun. Es kommt vielmehr darauf an, sich selbst zu kennen und ehrlich mit sich selbst zu sein, als andere Menschen lesen zu können. Dieser Prozess braucht Zeit und Ausdauer. Seien Sie daher nicht allzu hart mit sich, wenn es nicht auf Anhieb funktioniert. Wenn Sie Ihren Weg jedoch konstant verfolgen, werden Sie bemerken, wie Sie ganz von selbst Gespräche besser managen, Ihren Willen häufiger (und gleichzeitig konfliktfrei) durchsetzen und selbstbewusster durchs Leben gehen werden. Merken Sie sich immer, dass Sie, und nur Sie, der Steuermann Ihres Lebens sind. Nur Sie entscheiden, welche Wege Sie gehen wollen und warum. Nutzen Sie die Techniken und Tipps des Buches, um sich in Gesprächssituationen einen Vorteil zu verschaffen. Möglicherweise werden Sie schon bald die Früchte Ihrer harten Arbeit ernten. Bekommen Sie von jetzt an alles, was Sie wollen. Und lernen Sie auch Niederlagen als Chance zu sehen, über sich selbst hinauszuwachsen.

Ich wünsche Ihnen viel Erfolg bei dieser neuen, spannenden Herausforderung.

Haftungsausschluss

Dieses Buch enthält Meinungen und Ideen des Autors / der Autorin und hat die Absicht, Menschen hilfreiches und informatives Wissen zu vermitteln. Die enthaltenen Strategien passen möglicherweise nicht zu jedem Leser, und es gibt keine Garantie dafür, dass sie auch wirklich bei jedem funktionieren. Die Benutzung dieses Buchs und die Umsetzung der darin enthaltenden Informationen erfolgt ausdrücklich auf eigenes Risiko. Haftungsansprüche gegen den Autor für Schäden materieller oder ideeller Art, die durch die Nutzung oder Nichtnutzung der Informationen bzw. durch die Nutzung fehlerhafter und/oder unvollständiger Informationen verursacht wurden, sind ausdrücklich ausgeschlossen. Das Werk, inklusive aller Inhalte, gewährt keine Garantie oder Gewähr für Aktualität, Korrektheit, Vollständigkeit und Qualität der bereitgestellten Informationen. Druckfehler und Fehlinformationen können nicht vollständig ausgeschlossen werden.

Impressum:

Ataro Kitap Yayıncısı, İsmet Kaptan, Gazi Blv.

No:116, 35210 Konak/İzmir, Turkey,

atarokitap.izmir@gmail.com

Printed in Poland
by Amazon Fulfillment
Poland Sp. z o.o., Wrocław

93326366R00066